Bibliografische Information der Deutschen Nationalbibliothek:
Die Deutsche Nationalbibliothek verzeichnet diese Publikation in der Deutschen
Nationalbibliografie; detaillierte bibliografische Daten sind im Internet über
http://dnb.dnb.de abrufbar.

© 2016 Andreas Gloge
Coverbild: Sebastian Bänsch
Umschlaggestaltung: Jens Fischer
Herstellung und Verlag: BoD – Books on Demand, Norderstedt
ISBN: 9783739241470

Über das Buch

Tolkiens literarische Schöpfung ist nicht nur ein spannendes Abenteuerepos, sondern vielmehr ein zeitloser Appell an die Menschlichkeit und Moralität in uns allen, der das Genre der modernen Fantasy in bemerkenswerter Form geprägt hat.

Dieses Buch zeigt auf, wie Tolkien seiner fiktiven Sekundärwelt Middle-earth ihre einzigartige Ernsthaftigkeit und Glaubhaftigkeit verleiht und weshalb *The Lord of the Rings* zu einem der erfolgreichsten und einflussreichsten Bücher des vergangenen Jahrhunderts zu zählen ist. Doch auch die kritischen Stimmen bezüglich Tolkiens Werk werden näher beleuchtet und in Relation zum zeitgenössischen Umfeld des Autors sowie der klassischen Literaturtradition gesetzt.

So erschließt diese Abhandlung die mythologischen und religiösen Quellen für Tolkiens imaginäres Universum und ergründet die tief verwurzelte und vielschichtige Symbolik von *The Lord of the Rings*.

Über den Autor

Andreas Gloge wurde 1975 in Bremen geboren, studierte Anglistik und Kulturwissenschaft, und begann danach, allerlei Dinge zu schreiben. Bücher, Hörspiele, Kindergeschichten und vieles mehr. Was er derzeit tut und wo und wie kann man unter www.andreasgloge.com erfahren.

"Fairy tales are more than true: not because they tell us that dragons exist, but because they tell us that dragons can be beaten."

Neil Gaiman

Vorwort

Ich war dreizehn Jahre alt, als ich den Herr der Ringe zum ersten Mal las. Meine Mutter musste mich zum Abendessen an Händen und Füßen aus dem Zimmer zerren, so tief war ich in Mittelerde versunken und (er)lebte die Abenteuer von Frodo, Sam, Merry und Pippin mit. Dabei hatte ich zuvor drei oder vier Anläufe gebraucht, um überhaupt bis zum ersten Kapitel vorzudringen. Den Kleinen Hobbit kannte ich damals noch nicht und die holprige Einleitung über Pfeifenkraut oder die Ordnung im Auenland hatte mich das Buch mehrfach ernüchtert zuklappen lassen. Ich kannte Lesen bis dato nur so: man schlägt das Buch auf und die Geschichte beginnt… Erst als mein bester Freund mir sagte, ich solle den ganzen „komischen Anfang" wegblättern und einfach mit „Ein lang erwartetes Fest" beginnen, wurde der Horizont meiner Phantasie für immer verändert.

Fortan stellte ich mir beim Fußballtraining (Kondition powern bei Regen, Matsch und Kälte) vor, ich würde mich mit Frodo und Sam durch die Wildnis bis nach Mordor kämpfen. Ich spielte nach der Schule den Ringkrieg am Computer nach, bereiste unzählige Abend lang mit Tabletop-Rollenspiel Tolkiens Welt im Geist und nahm mit Freunden Hörspielabenteuer in Mittelerde auf. Im Jahr 2001 schrieb ich dann meine Magisterarbeit in Anglistik über „J.R.R.Tolkiens „Der Herr der Ringe" – Vom Mythos zum Begründer eines Genres". Diese veröffentlichte ich ein Jahr darauf beim Erster Deutscher Fantasy Club in Buchform. Dann kehrte Ruhe ein…

Jetzt, knapp 15 Jahre später, habe ich den akademischen Text etwas lesefreundlicher feingeschliffen und dabei festgestellt, dass ich das Buch seit damals nicht mehr aus dem Regal geholt habe. Nun liegt es wieder auf meinem Nachttisch (natürlich in der alten Übersetzung von Margaret Carroux) und ich bin sehr gespannt, wie mein 40 Jahre altes Ich nach all den visuellen Eindrücken durch die Filme und meine veränderte Lebenserfahrung die Geschichte aufnehmen wird. Gleichwohl freue ich mich bereits darauf, meinen Kindern eines Tages daraus vorzulesen – bevor sie die Filme sehen und denken, damit wäre alles über Mittelerde gesagt. Denn das ist es nicht. Das ist es nie…

Andreas Gloge, im Februar 2016

Andreas Gloge

Tolkiens

DER HERR DER RINGE

Ursprung – Symbolik – Einfluss

Inhalt

1. Einführung
    1.1 Einleitung
    1.2 Inhalt und Struktur
    1.3 Erschließung des Begriffes *Mythos*
    1.4 Erschließung von *Genre* und *Fantasy*

2. Re-writing the Past – Die Säulen von Middle-earth
    2.1 Einleitung
    2.2 Am Anfang war das Wort –
        Die Bedeutung von Sprache
    2.3 Das Erbe nordischer Mythologie
    2.4 Der Einfluss der angelsächsischen
        Mythologie
    2.5 Bibel- und Christentum in Middle-earth
    2.6 Zusammenfassung

3. The Lord of the Rings
    3.1 Subcreation und Sekundärwelt
    3.2 Die künstliche Historizität und deren
        mythische Wirkung
    3.3 Die allgegenwärtige Symbolkraft
        der Natur
    3.4 „One ring to rule them all" –
        Die Beurteilung von Macht
    3.5 „Your own way you alone can chose" –
        Die Bedeutung des freien Willens
    3.6 Formen des Schicksals und der
        Prophezeiung
    3.7 Die unterschwellige Symbolik
        von Tod und Religion
    3.8 Die Wichtigkeit von Liebe
        und Freundschaft
    3.9 Frauenfiguren bei Tolkien:
        Kritik und Bewertung
    3.10 Identifikationsmöglichkeiten und
        Heldentumsdarstellung
    3.11 Zusammenfassung

4. Die Welt von Middle-earth:
   Einfluss und Entwicklung

   4.1 Die literarische Entwicklung
   vom Märchen zur *Fantasy*
   4.2 Weltkriege und Postmoderne – Tolkien
   und sein zeitgenössisches Umfeld
   4.3 Kritik an *The Lord of the Rings* und
   das Problem des Eskapismus
   4.4 J. R. R. Tolkien: Wegbereiter der *Fantasy*
   durch moralische Subcreaction
   4.5 „Where many paths and errands meet.
   And whither then?" –
   Einfluss und Entwicklung des Genres
   der *Fantasy* seit *The Lord of the Rings*
   4.6 Zusammenfassung

5. Vom Mythos zur Entstehung eines Genres

   5.1 Tolkien – Vom Erbe alter Mythen
   zum eigenen Mythos für die moderne
   Fantasy

6. Anmerkungen

7. Bibliographie

   7.1 Primärliteratur
   7.2 Sekundärliteratur
   7.3 Zeitungsartikel
   7.4. Internetquellen

In dieser Arbeit werden folgende Abkürzungen für die drei Bände des *The Lord of the Rings* benutzt:

The Fellowship of the Ring	FR
The Two Towers	TT
The Return of the King	RK
Der Herr der Ringe	HR

11

1. Einführung

„And he that breaks a thing to find out what it is has left the path of wisdom." (FR, 339)

„Und derjenige, der etwas zerbricht, um herauszufinden, was es ist, hat den Pfad der Weisheit verlassen." (HR, 268)

1.1 Einleitung

Ein Großteil der in dieser Arbeit benutzten Sekundärliteratur beschäftigt sich teils in Ansätzen, teils jedoch äußerst detailliert, mit dem Leben und den persönlichen religiösen und moralischen Vorstellungen des Autors J. R. R. Tolkien, um somit mehr Erkenntnisse über dessen Werke zu erhalten und diese interpretieren zu können. Tolkien selber äußerte sich 1971 in einem Brief an einen Leser folgendermaßen zu dieser Methodik:

> **Eine meiner stärksten Überzeugungen ist die, dass Nachforschungen über die Biographie eines Autors (oder allerlei sonstige Einblicke in seine „Persönlichkeit", wie sie die Neugierigen etwa zusammensuchen können) eine völlig vergebliche und falsche Annäherung an seine Werke darstellen – und zwar ganz besonders bei einem Werk der *Erzählkunst*, dessen vom Autor angestrebter Zweck es war, dass es als solches *genossen*, mit einem literarischen *Vergnügen* gelesen werden könne. [...] Wenn sie es nun gelesen haben, werden manche Leser (nehme ich an) es zu „kritisieren" oder gar zu analysieren wünschen, und wenn das nun mal ihre Mentalität ist, steht es ihnen natürlich frei, so etwas zu tun – solange sie es *zuerst* einmal aufmerksam durchgelesen habe. Nicht dass diese Geisteshaltung meine Sympathie hätte: wie klar aus Bd.I, p.272, zu ersehen sein sollte: Gandalf: „Derjenige, der etwas zerbricht, um herauszufinden, was es ist, hat den Pfad der Weisheit verlassen." (Carpenter)

Entgegen Tolkiens Einstellung wird in der hier vorliegenden Arbeit Tolkiens Leben und sein zeithistorisches Umfeld durchaus in die Kritik und Untersuchung mit einbezogen, und in einigen Kapiteln (vor allem dem dritten) wird zudem intensiv versucht, „herauszufinden, was es ist." Inwiefern dabei etwas zerbrochen wird, mag nicht ich beurteilen, doch liegt meiner Meinung nach gerade in der tiefschürfenden und gewissenhaften Auseinandersetzung mit der unterschwelligen Symbolik in Tolkiens geschaffenem Kosmos, verbunden mit einem aufschlussreichem Verständnis für den Autor, die Wurzel zum Begreifen seiner Welt Middle-earth.

Für den einen Leser[1], mit ähnlichen Ansichten über Wege der Literaturkritik wie Tolkien, mag dies gleichbedeutend mit dem Zerbrechen des Faszinierenden und Bewegenden in *The Lord of the Rings* sein, für andere jedoch kann diese Art der Erforschung eher ein Zusammenführen vieler verstreuter und auf den ersten Blick nicht begreifbarer Thematiken und Botschaften sein, die ansonsten unter dem Mantel des „literarischen Vergnügen(s)", wie Tolkien es nennt, verborgen blieben. Aus diesem Grund, und um die Wechselbeziehung zwischen Prosa und Interpretation deutlich aufzuzeigen, werden die einzelnen Kapitel dieser Arbeit durch entsprechende Zitate aus Tolkiens *The Lord of the Rings* eingeleitet.

Selbstverständlich behält sich diese Analyse, die die Entwicklung von *The Lord of the Rings* vom Mythos zur Entstehung eines Genres verfolgt, nicht vor, alleingültige Auslegungen zu liefern. Es geht vorwiegend darum, den Einfluss auf die Entstehung von *The Lord of the Rings* sowie von Tolkiens Werk auf nachfolgende Generationen aufzuzeigen und eine daraus resultierende Bedeutung für die moderne *Fantasy*, für den einzelnen Leser und die Gesellschaft als mögliche Interpretation anzubieten.

It would be useful to look at what can roughly be called the dialogic component of Tolkien's Middle-earth. For our purposes, this will primarily refer to the openness of Middle-earth, and the relationship of the self to the *other* discernible within its mythology. [...] From this perspective, although the author does refer the readers to a certain commonality of experience, they are rather invited to find their own sense in this and not simply an archetypical or ideal one (at least not archetypical in the sense of an embedded structure of the collective unconscience). (Garbowski)

Es wäre nützlich, dasjenige, was man die dialogische Komponente in Tolkiens Middle-earth nennen könnte, zu untersuchen. Für unsere Zwecke würde sich das in erster Linie auf die Offenheit von Middle-earth beziehen sowie auf die Beziehung des Selbst zu dem *Anderen*, soweit sie innerhalb dieser Mythologie erkennbar ist. [...] Aus dieser Perspektive heraus betrachtet werden die Leser eingeladen, ihren eigenen Sinn darin zu entdecken anstatt einfach eine archetypischen oder ideale Bedeutung darin zu suchen (zumindest nicht „archetypisch" in dem Sinn einer eingebetteten Struktur des kollektiven Unterbewusstseins), auch wenn sich der Autor zweifellos auf einen allen Lesern gemeinsamen Erfahrungsschatz rückbezieht.

Vor allem in Kapitel 3 soll ausführlich aufgezeigt werden, wie diese „dialogic component" [dialogische Komponente] in *The Lord of the Rings* zustande kommt, wie es durch die Symbolkraft des Buches einen individuellen und vielschichtigen Dialog mit dem Leser eröffnen kann und so einen neuen Standard für die Literatur des Phantastischen gesetzt hat. Um diese Vielschichtigkeit zu beleuchten, schließe ich mich der Methodik an, vorwiegend den Primärtext zu untersuchen, dabei jedoch in gewissenhafter Auswahl die Meinungen und Stellungnahmen anderer Leser und Kritiker zu berücksichtigen und diese an geeigneten Stellen aufzuführen.

Die existierende Quantität an Sekundärliteratur in Buchform über Tolkiens *The Lord of the Rings* und das gesamte Middle-earth-Epos ist gewaltig, von der im Internet bestehenden Masse an Fan-, Club-, und Informationsseiten ganz zu schweigen. So erhebt die folgende Auswahl an kritischen Abhandlungen keinen Anspruch auf Vollständigkeit, sondern soll aufgrund ihrer repräsentativen Vielschichtigkeit vorwiegend eine möglichst große Bandbreite an Themen und Kritiken bezüglich Tolkiens literarischer Schöpfung behandeln.

Die aus dieser Auswahl herausragenden Werke sind sicherlich Bradley (1961), Purtill (1974), Noel (1977), Mathews (1978) und Zahnweh (1989) in ihren textnahen Untersuchungen und Interpretationen, während die neueren Werke von Elgin (1985), Pearce (1998) und Garbowski (2000) sich durch weiterführende Bewertungen und aktuelle Aspekte des späten 20.Jahrhunderts auszeichnen. Anschauliche und vergleichende Analysen über das Genre der *Fantasy*-Literatur finden sich vor allem in Pesch (1982), Swinfen (1984), Spivack (1987), Tschirner (1989) und Nester (1993).

Die weiteren Bücher der Bibliographie bringen zwar jeweils in Teilen wichtige und illustrative Aspekte über Tolkien und die allgemeine Literatur ans Licht, doch adaptieren und zitieren sich diese

Werke gegenseitig in Art der Untersuchung und Schlussfolgerung oftmals derart auffällig, dass gleiche Thematiken zumeist nur in anderen Worten ausgedrückt werden und somit wenig neue Erkenntnisse liefern. Natürlich finden sich gerade in älteren Interpretationen und Sammelbänden von Essays, die vor der Veröffentlichung von *The Silmarillion* entstanden sind, viele unzulängliche und teilweise fehlerhafte Erklärungen über Symbolik und Bedeutung von *The Lord of the Rings*. Dies mag zudem auf eine mangelnde Vergleichbarkeit mit anderen Werken der *Fantasy* zurückzuführen sein, welche eine Einstufung und Bewertung von Tolkiens *The Lord of the Rings* für das Genre der *Fantasy* durch die aktuelleren Untersuchungen sinnvoller erscheinen lässt.

Aufgrund der unübersichtlichen und nicht zu bewältigenden Menge an Webseiten über Tolkiens Middle-earth im Internet habe ich davon abgesehen, eine zufällige Auswahl zu treffen und deren Aussagen in meine Untersuchungen einfließen zu lassen. Die dort zu findenden, oftmals laienhaften oder gekürzten Kritiken können meiner Meinung nach trotz ihrer möglichen Aktualität im Kriterium der Qualität nicht mit der vorhandenen Masse an Sekundärliteratur in Buchform konkurrieren. Demzufolge habe ich nur in einigen Fällen auf offizielle oder repräsentative Webseiten hingewiesen, um eine nötige Gegenwartsbezogenheit für diese Arbeit zu gewährleisten.

Auf weitere Publikationen über Tolkien, wie zum Beispiel die der *Tolkien Society* oder der *Inklings Gesellschaft* habe ich nur bedingt zurückgegriffen, um den Rahmen dieser Arbeit nicht über die bestehenden Grenzen auszuweiten. Das vorhandene Material bot bereits mehr als genügend Diskussions- und Forschungssubstanz, um die zu behandelnden Aspekte eingehend zu beleuchten und zu bewerten. Motivation und Ziel dieser Arbeit werden im folgenden Abschnitt erläutert.

1.2 Inhalt und Struktur

Im Jahre 1937 veröffentlichte der englische Verlag George Allen & Unwin das Buch *The Hobbit: or There and Back again* des damaligen Rawlinson- und Bosworth-Professors für Angelsächsisch an der Universität in Oxford, John Ronald Reuel Tolkien, welches dieser sieben Jahre zuvor zu schreiben begonnen hatte. Aufgrund der überaus positiven Reaktion des Buchmarktes riet der Verlag Tolkien zu einer Fortsetzung, die auch sogleich von ihm in Angriff genommen wurde, doch erst siebzehn Jahre später unter dem Titel *The Lord of the Rings* ihren Weg in die Bücherregale Englands fand und seither aus dem Bereich internationaler fantastischer Literatur nicht mehr wegzudenken ist. Nahezu fünfzig Jahre nach dem ersten Erscheinen ist die Popularität und damit verbundene Kommerzialisierung weiterhin ungebrochen.[2] Dies ist umso erstaunlicher als Tolkien in einem Brief an W. H. Auden im Jahr 1955 schrieb:

> Der *Herr der Ringe* ist als Erzählung nun schon so lange fertig, dass ich ihn ziemlich unpersönlich ansehen kann und „Interpretationen" ganz amüsant finde, sogar diejenigen, die ich selber geben könnte, meistens *post scriptum*: Ich hatte nirgendwo sehr viel Besonderes an bewussten, intellektuellen Absichten im Sinn. (Carpenter)

Doch gerade diese intellektuellen Absichten, dieses Besondere in Tolkiens Werk, müssen sich, wenn auch vom Autor eher unbewusst eingebaut, aufzeigen und untersuchen lassen, denn bis zum heutigen Tag ist die Sekundärliteratur (Bücher, Dissertationen, Internet) über seine drei großen Werke *(The Hobbit, The Silmarillion, The Lord of the Rings)* so umfassend geworden, dass eine genaue Übersicht nahezu unmöglich geworden ist. Ich unterstelle Tolkien in seiner oben aufgeführten Aussage insofern eher natürliche Bescheidenheit denn wahrheitsgemäße Selbstanalyse seiner Arbeit.

Die hier vorliegende Arbeit hat sich zum Ziel gesetzt, die Besonderheiten in Konstruktion und Kontext von Tolkiens *The Lord of the Rings* herauszuarbeiten, um so dessen Bedeutung und ungebrochenen Einfluss für die aktuelle Literatur zu benennen und zu erklären. Hierdurch soll die Wichtigkeit zur Etablierung des modernen Genres der *Fantasy* dargestellt und betont werden. Wie Richard Purtill in seiner Untersuchung über J. R. R. Tolkien und C. S. Lewis als Autoren von *Fantasy* sagt:

> The great importance of my authors [Lewis und Tolkien], it seems to me, is that they have succeeded in restating certain traditional values, including traditional religious values, in such a way that they make an imaginative appeal to a very wide audience, young and old, traditionalist and untraditionalist. [...] Certain values exist [in real life] whether we will or not, and to these values we must conform or perish. To enable people to see these values and love them is the task to which Lewis and Tolkien set themselves. Their methods

were unconventional; their success, though partial, was real. (Purtill)

Die große Bedeutung meiner Autoren [Lewis und Tolkien] liegt meines Erachtens darin, dass es ihnen gelungen ist, gewisse traditionelle Werte wieder zur Geltung zu bringen, darunter auch traditionelle religiöse Werte, und zwar in einer Form, die die Imaginationskraft eines sehr breiten Publikums, ob jung und alt, ob traditionell eingestellt oder nicht, anspricht. [...] Gewisse Werte existieren [im wirklichen Leben], ob wir das gut heißen oder nicht, und diesen Werten müssen wir uns entweder anpassen oder zugrunde gehen. Menschen die Möglichkeit zu geben, diese Werte zu erkennen und zu lieben, darin besteht die Aufgabe, die sich Lewis und Tolkien gesetzt haben. Ihre Methoden waren unkonventionell; ihr Erfolg, wenn auch nicht allumfassend, war real.

Eine Antwort auf die Frage, von welchen Werten Purtill hier spricht, aus welchem Grund und in welcher Form sie sich bei Tolkien zeigen und inwiefern diese Werte, seien sie moralischer oder religiöser Art, Rechtfertigung verdienen, soll ebenfalls herausgearbeitet werden, um die Aktualität von *The Lord of the Rings* zu unterstreichen.

Im weiteren Verlauf dieses Einführungskapitels befasse ich mich vorwiegend mit den Problembegriffen des Titels *Mythos* und *Genre*, die für Inhalt und Aussage dieser Arbeit sehr wichtig sind. Tolkiens vielzitierte Mythologisierung seiner Prosa sowie das schwer einzugrenzende Genre der *Fantasy*-Literatur müssen zumindest in Ansätzen erläutert werden, um die generelle Bedeutung von *The Lord of the Rings* für Leser und Nachfolgeliteratur deutlich machen zu können. Die tieferen Analysen und die Bezugnahme auf Tolkiens Werk werden dann an entsprechender Stelle in den Kapiteln 2–5 vorgenommen.

In Kapitel 2 gilt es, die mythologischen Quellen der Inspiration für Tolkien auszuleuchten, die ihn dazu anregten und befähigten, seiner fiktiven Sekundärwelt[3] Middle-earth eine Ernsthaftigkeit und Glaubhaftigkeit zu verleihen, die sein Werk so sehr auszeichnet. Diese Untersuchung wird sowohl Tolkiens persönliche Vorliebe für alte Sprachen, seine Kenntnisse nordischer Mythologien sowie seinen überzeugten Katholizismus umfassen.

Auf diesen Grundlagen wird dann in Kapitel 3 versucht, eines der erfolgreichsten und einflussreichsten Bücher des vergangenen Jahrhunderts zu erläutern: *The Lord of the Rings*. Beginnend mit der Erforschung von Struktur und Symbolik der fiktiven, literarischen Sekundärwelt von Middle-earth und der künstlichen Historizität soll die

Tiefe und Aussagekraft veranschaulicht werden, die dem Buch eine so unterschwellige Faszination und seinen zeitlosen Anspruch verleiht.

Das Kapitel 4 behandelt grundlegende Aspekte der Literaturkritik und Leserrezeption bezüglich *The Lord of the Rings*. Zugleich werden das zeitgenössische Umfeld des Autors sowie weitere wichtige literarische und gesellschaftliche Entwicklungen und Einflüsse aufgezeigt, welche die These, *The Lord of the Rings* habe das junge Genre der modernen *Fantasy* begründet, unterstreichen sollen.

Abschließend beurteilt das Kapitel 5 Tolkiens Stellenwert innerhalb des Genres der fantastischen Literatur sowie die *Fantasy* als literarische Gattung generell in ihrer Bedeutung für die moderne, industrielle Gesellschaft. Hier wird schließlich ein Bogen geschlagen, der alle bisher gesammelten Aspekte dieses Buches umschließt und zusammenfassend bewertet.

1.3 Erschließung des Begriffes ‚Mythos'

Um Ursprung und Funktion der Mythologisierung der Welt Middle-earth zu verstehen, mit der Tolkien innerhalb der Literaturkritik immer wieder in Verbindung gebracht wird, gilt es allem voran, den Begriff des *Mythos* in seiner allgemeinen Bedeutung und literarischen Funktion näher zu definieren. Hierbei zeigt sich, dass der Terminus Mythos ebenso nebulös in seiner Natur ist wie das, wofür er steht. Dieter Petzold weist in einer Untersuchung über Tolkien deutlich daraufhin, dass er bewusst auf den Mythos-Begriff verzichtet hat, „allzu groß ist die Versuchung, Irrationales durch eine irrationale Terminologie zu verdecken und zu glorifizieren, statt es einer rationalen Kritik zu unterwerfen" (Petzold). Aber er vergisst dabei, dass der Mythos[4] in seiner Ernsthaftigkeit durchaus eine wichtige Funktion einnimmt: er kann als Medium zwischen Vergangenheit und Gegenwart vergessene oder verdrängte Traditionen und Weltansichten transportieren und vermitteln und diese somit trotz seiner unwissenschaftlichen Terminologie in einem sinnvollen und sinnhinterfragenden Licht erscheinen lassen.

Der Mythos ist die Urform der Überlieferung; er ist ernster, verbindlicher als das Märchen und anschaulicher, gewissermaßen handlicher als die Geschichte; er ist näher am Leben als die geoffenbarte Religion, überhöht aber doch das

persönliche Schicksal zum gültigen Typus. Im Grunde lässt er uns eine Zeit ahnen, in der Kunst und Wissenschaft, Heiliges und Profanes noch nicht ausdifferenziert waren, in der alles Wissen und alles Schöne auch Magie enthielt. (Schmidbauer)

Diese Aussage Schmidtbauers zeigt, mit welchen anderen Bereichen menschlicher Kultur der Mythos oftmals verglichen und gemessen wird: Märchen, Geschichte, Religion. Auch diese Begriffe sind nicht allzu leicht zu definieren, haben aber alle gemeinsam, dass Menschen sie von Generation zu Generation weiterleiten, damit aus ihren Lehren und ihrer Symbolkraft für die Zukunft gelernt werden kann. Der Mythos bezieht sich ebenfalls auf eine vergangene Zeit, dabei allerdings zumeist eine ausgeprägte Symbolik benutzend, welche durch die Darstellung von Unglaubhaftem, Übernatürlichem oder von Magie auf eine höhere Bedeutung und Botschaft hindeutet:

Myths to the historian are tales that are unsubstantiated by fact or evidence. Yet they may be based on fact. [...] It is valid to suppose that at some stage in history the Greeks came into conflict with a civilisation in Asia Minor that had its centre in Troy. The historical detail of that conflict is lost. What remains is Homer's account of it. The historical detail has become myth. (Harvey)

Mythen stellen für den Historiker Erzählungen dar, die durch keinerlei Fakten oder Nachweise gestützt werden. Und doch können sie auf Tatsachen basieren. [...] Man darf guten Gewissens annehmen, dass in einer geschichtlichen Epoche die Griechen in Kleinasien in einen kriegerischen Konflikt mit einer Zivilisation, die ihr Zentrum in Troja hatte, eintraten. Die geschichtlichen Details dieses Konfliktes sind nicht überliefert; es bleibt uns nur Homers Darstellung. Die historischen Details haben sich in einen Mythos verwandelt.

Insofern darf man Mythen nicht einfach mit Unwahrheiten oder mit Märchen gleichsetzen, sondern sollte ihnen mit einer angemessenen Distanz, doch vor allem mit einer analytischen Aufmerksamkeit begegnen, die den Deckmantel des benutzten Symbolismus durchbricht und nach tieferen Bedeutungen und Botschaften sucht. Als charakteristisch für den Mythos mag vor allem gelten, dass er versucht, mögliche Antworten auf existentielle Fragen des menschlichen Lebens zu präsentieren, die, ob ihrer ungewissen Natur, konsequenterweise auch eine ungewisse, unkonventionelle Form der Beschreibung erhalten.

Anne C. Petty sagt hierzu: „*Myth*, we may say, is the transmission of the cumulative knowledge, experience, and universal truths in our human existence, through the consistent symbologies known to folklore". [Der *Mythos*, so kann man sagen, ist die Übertragung des überlieferten Wissens und der universellen Wahrheiten unserer menschlichen Existenz durch die einheitliche Symbolik der volkstümlichen Überlieferung.]

Diese Auslegung des Mythos-Begriffes zeigt erneut die starke Ähnlichkeit zur Religion gleich welcher Ausrichtung auf, die ihre Botschaften gleichsam auf eine nicht beweisbare aber durchaus überzeugende Art und Weise vermittelt, dabei auf einen bedeutungsvollen Symbolismus zurückgreifend, der die unrealistischen Elemente mit Lernfunktionen ausstattet. Einem Kommentar von C. S. Lewis im September 1931, welcher Mythen als bloße Lügen abzustempeln versuchte, widersprach Tolkien energisch und mit christlicher Überzeugung:

Nein, **sagte Tolkien,** *es sind keine Lügen.* **[...] Du nennst einen Baum Baum, sagte er, und denkst dir nichts weiter bei dem Wort. Aber er war kein „Baum", solange ihm nicht jemand diesen Namen gegeben hatte. Du nennst einen Stern Stern und sagst, das ist einfach eine Kugel aus Materie, die sich auf einer berechenbaren Bahn bewegt. Doch das ist nur, wie** *du* **es siehst. Indem du die Dinge so benennst und sie beschreibst, erfindest du nur deine eigenen Ausdrücke für sie. Und so wie das Sprechen ein Erfinden in Bezug auf die Objekte und Ideen ist, so ist der Mythos ein Erfinden in Bezug auf die Wahrheit. Wir kommen von Gott (fuhr Tolkien fort), und unvermeidlich werden die Mythen, die wir ersinnen, obwohl sie den Irrtum enthalten, zugleich auch einen Funken des wahren Lichts spiegeln, der ewigen Wahrheit, die bei Gott ist. (Carpenter)**

Hier offenbart sich bereits Tolkiens starker religiöser Glaube, der sich auch später in der Symbolik von *The Lord of the Rings* mehrfach wiederfindet und der die Wertvorstellungen des Autors sehr geprägt hat. Tolkien begriff die Bibel und vor allem die Christus-Geschichte als einen Mythos, der aufgrund seiner oben angeführten Auffassung höchste Wertschätzung verdient, da er aus christlicher Sicht der göttlichen Wahrheit sehr nah kommt. Er zollte dieser Einstellung Respekt, indem er mit *The Silmarillion* eine Schöpfungsgeschichte ersann, die später die mythologische Grundlage für *The Hobbit* und ganz besonders *The Lord of the Rings* bilden sollte.

Eine genauere Untersuchung des Mythos-Begriffes würde den Rahmen dieser Arbeit nicht nur unnötig weiten, sondern zugleich den Schwerpunkt von *The Lord of the Rings* nehmen. Denn Tolkiens Werk ist kein bewusster Mythos, es bedient sich nur mythologischer Quellen und Mechanismen, wie beispielsweise Episoden und Namen aus der skandinavischen Götterwelt, festgehalten in der Edda[5], die Tolkien übernahm und passend für seine Geschichte veränderte.

Die Gründe und die Wirkung dieses Verfahrens werden vor allem in Kapitel 2 konkreter erläutert. Hier wird sich zeigen, dass der Autor seine Kenntnisse und sein Verständnis für Mythen sehr gezielt in seine fiktive Welt von Middle-earth eingebaute, dieser so einen mythologischen Unterbau gab und schließlich den Grundstein für etwas legte, was heutzutage als Genre der *Fantasy* betitelt ist.

1.4 Erschließung von ‚Genre' und ‚Fantasy'

Die Bezeichnung einer literarischen Gattung wird mittlerweile auch im deutschsprachigen Raum mit dem französischen Terminus *Genre* umschrieben. Dieser Begriff benennt eine unbestimmte Menge an Texten, die aufgrund hervorstechender Gemeinsamkeiten unter einem Oberbegriff, wie beispielsweise *Fantasy*, kategorisiert werden. Während sich jedoch äußere Struktur und Stilarten unterschiedlicher Arbeiten leicht als Lyrik, Epik oder Dramatik definieren lassen, wird es beim Aufzeigen inhaltlicher Differenzen innerhalb gleicher struktureller Literatur erheblich schwieriger.

Auf den ersten Blick lässt sich möglicherweise noch leicht zwischen Komödie und Tragödie unterscheiden, doch können auch diese inhaltlich orientierten Gattungsmerkmale sich mit der Zeit verändern. Ein anfangs als düstere Horrorgeschichte klassifiziertes Buch kann durchaus viele Jahre später von einer weiterentwickelten (oder kulturell anders geprägten und entwickelten) Gesellschaft als Märchen oder sogar Komödie aufgenommen werden.

Zudem schließen viele Genres benachbarte Unterkategorien nicht notwendigerweise aus. Ein Kriminalroman kann durchaus komisch sein oder sich in Beziehungskrisen der Protagonisten verlieren. Ein als Liebesroman betiteltes Buch mag möglicherweise futuristische Elemente aufweisen, die eher der Science-Fiction zuzuordnen wären.

Auch Tolkiens *The Lord of the Rings* ist in seiner Definition durch die Literaturkritik nicht allein auf *Fantasy* festgelegt:

> **Lord of the Rings has been called by a variety of names. It has been called a novel, an epic, a saga, a quest tale, and a romance. Those who have chosen one of these terms have usually specifically rejected the possibility of the others. Reasons for this confusion are many. First, Tolkien includes elements of all these genres in Lord of the Rings. Second, the voluminous detail and the enormous scope of the work present a complexity so vast that it threatens to overwhelm the critic, thereby inviting the adoption of any theory or approach that will simplify the task and categorize the critic's response. (Elgin)**

The Lord of the Rings ist mit vielerlei Bezeichnungen bedacht worden: Roman, Epos, Saga, Queste und Romanze. Diejenigen, welche sich für einen dieser Begriffe entschieden haben, haben dabei in der Regel die Möglichkeit, dass die anderen auch zutreffen könnten, verworfen. Die Gründe für diese Widersprüche sind vielfältig: Erstens: Tolkien hat Elemente all dieser Genres in *The Lord of the Rings* integriert. Zweitens: Der große Umfang an Einzelinformationen und die riesige Bandbreite des Werkes bilden ein derart komplexes Ganzes, dass der Literaturkritiker in Gefahr gerät, sich ihm nicht mehr gewachsen zu fühlen, was dazu führt, dass er nur zu gerne irgendeine beliebige Theorie auswählt, um seine Aufgabe zu vereinfachen und das Werk in eine vorgegebene Kategorie einordnen zu können.

Die vielen möglichen Kategorien und Namen, von denen Elgin spricht, erkenne ich durchaus an, doch behandelt diese Arbeit *The Lord of the Rings* im folgenden als Roman der *Fantasy*, obgleich dieses Genre erst nach Tolkien seinen Korpus an Texten erhalten hat, die es schließlich in seiner Existenz rechtfertigten. Die vielen bestehenden Genres des Romans im 21. Jahrhundert aufzuführen wäre nicht nur mühsam, es würde zudem auf eine sehr subjektive Einschätzung hinauslaufen, da gerade im Bereich der Literatur Intention des Autors und Rezeption seitens der Leserschaft oftmals weit auseinanderlaufen können. Tolkien sagte in einem Brief aus dem Jahr 1971 über *The Lord of the Rings*: „Mein Buch ist *kein* „Roman", sondern eine ‚heroische Romanze', eine ältere und ganz andere Art Literatur." (Carpenter).

Welche elementaren Attribute der heroischen Romanze er allerdings für *The Lord of the Rings* als entscheidend ansah, führte

Tolkien in diesem Zusammenhang leider nicht weiter aus. So bleibe ich dabei, sein Buch als *Fantasy*-Roman zu betiteln. Doch was zeichnet *Fantasy* genau aus? Vom Namen her ist die *Fantasy* eine recht junge literarische Gattung, welche Helmut W. Pesch als „Kind der 60er und frühen 70er Jahre" des letzten Jahrhunderts bezeichnet, obgleich er folgendes zugibt: „Motivgeschichtlich geht Fantasy in der Tat weit zurück, auf den höfischen Roman, auf antike Mythologien, ja, wenn man so will, bis zu den frühesten Zeugnissen der Menschheit".

Die heutzutage in Buchläden und unter Kritikern unter dem kategorischen Titel *Fantasy* zusammengefasste Menge an literarischen Werken betrifft zum Teil weit auseinanderlaufende Stilrichtungen, die teilweise in der ernsthaften Tradition von Tolkiens *Fantasy* stehen, ihre Schwerpunkte aber auch in Formen des Horrors, der Parodie, der Absurdität, der Märchen oder in der Interpretation regionaler Sagen haben können. Diese Vielfältigkeit der *Fantasy*-Literatur „resists formalization, so that attempts like this one to confine it within definitions and categories are generally futile and ironic exercises in self-defeat" (Coyle) [widersetzt sich der Formalisierung, so dass Versuche wie dieser, sie in Definitionen und Kategorien einzuengen, allesamt vergebliche und bemitleidenswerte Übungen im Schießen von Eigentoren sind], da zudem die „association with imagination and with desire has made it an aura difficult to articulate or to define, and indeed the ‚value' of fantasy has seemed to reside in precisely this resistance to definitions, in its ‚free-floating' and escapist qualities" (Jackson) [Verbindung mit der Phantasie und dem Wunschtraum die Fantasyliteratur zu einem Gebilde gemacht hat, das schwer zu definieren ist, und in der Tat scheint der ‚Wert' dieser Literaturgattung gerade darin zu liegen, dass sie sich dank ihrer Offenheit und ihrer Fluchtliteratureigenschaften allen Bemühungen der Festlegung widersetzt].

Das Genre der *Fantasy* ist folglich nicht allein anhand eines äußeren, strukturellen Formates zu erkennen, sondern wird eher durch die den literarischen Werken zugrunde liegenden, imaginativen und psychologischen Aspekte gekennzeichnet, welche die *Fantasy* von anderen Formen wie dem realistischen Roman abgrenzt:

> **The realist looks outward at a world he never made; he observes a looking-glass and objectively records what is reflected there. The fantasist looks inward to a world that never was, the jungle of his own psyche; he passes through the looking-glass into a subjective world of distortion and illusion. (Coyle)**

Der Autor des Realismus schaut nach außen auf eine Welt, an deren Erschaffung er keinen Anteil hatte; er betrachtet einen Spiegel und schreibt getreu nieder, was sich darin reflektiert. Der Autor der *Fantasy* schaut nach innen in eine Welt, die real nicht existiert, in den Dschungel seiner eigenen Psyche; er taucht durch den Spiegel hinein in eine subjektive Welt der Verzerrung und der Illusion.

Aus dieser Abgrenzung heraus lasst sich einer der wesentlichsten Bestandteile von *Fantasy* schlussfolgern: die Darstellung psychologischer und philosophischer Themenbereiche anhand einer komplexen Symbolik.

Bevor allerdings die wichtigsten literarischen Mittel benannt werden, welche trotz der „free-floating" [nicht eingrenzbaren] (Jackson) Eigenschaften eine Definition von *Fantasy* ermöglichen, gilt es, das Instrumentarium zur Verwendung des Terminus Genre zu klären, mit dem die *Fantasy* in dieser Arbeit behandelt wird:

> Wenn man der Aporie eines rein normativen Vorgehens entgehen will, so ist die Funktion einer Gattung insofern relevant, als es zunächst nur über sie möglich ist, einen Korpus von Texten zu gewinnen, von denen angenommen werden kann, dass sie auch in ähnlicher Weise strukturiert sind. Auszugehen wäre dabei von solchen Texten, die in einer bestimmten historischen Situation von den Rezipienten als zusammengehörig empfunden werden. Eine solchermaßen gekennzeichnete Textgruppe ist im folgenden gemeint, wenn von *Genre*, Gattung im historischen Sinne, die Rede ist; dies entspricht weitgehend dem nichtwissenschaftlichen Gebrauch des Wortes. (Pesch)

Dieser Stellungnahme möchte ich mich anschließen und verweise bei künftigen Verwendungen des Begriffes *Genre* auf den oben zitierten Abschnitt.

Demzufolge grenze ich die *Fantasy* von ihren Unterkategorien wie *Science-Fiction* oder *Horror* ab und definiere sie für den Zweck dieser Arbeit anhand folgender gemeinsamer ideal-typischer Eigenschaften, die in ihrem komplexen Zusammenspiel erst bei Tolkien ihre beeindruckende Entfaltung fanden, wie in Kapitel 3 veranschaulicht werden wird:

1. Verlegung der Abenteuerhandlung in eine fiktive Sekundärwelt mit glaubwürdigem Hintergrund

2. Ausgeprägte Symbolik des Fremdartigen, dadurch Identifikationsmöglichkeit für den Leser im fremden Umfeld

3. Kritik am Zustand der realen Welt in spiritueller, religiöser, wirtschaftlicher und/oder sozialer Hinsicht

4. Dialog mit dem Leser, der eine Rückführung auf ideale, urmenschliche Prinzipien beabsichtigt

Eine ausführlichere Analyse dieser Merkmale der *Fantasy* folgt später in Kapitel 4.4 unter Berücksichtigung von Tolkiens Einfluss auf dieses Genre. Wichtig ist es aber im Vorfeld dieser Untersuchungen festzuhalten, dass das wesentlichste Merkmal von *Fantasy*-Literatur im Idealfall eine Rückbesinnung des Lesers auf seine eigene menschliche Natur ist, was durch die oben aufgeführten Punkte veranlasst wird. Das Medium der *Fantasy* dient sozusagen als Katalysator für verdrängte oder vergessene Lebensphilosophien, die den Menschen als Teil seiner Umwelt definieren.

All serious fantasy is deeply rooted in human experience and is relevant to human living. Its major difference from the realist novel is that it takes account of areas of experience – imaginative, subconscious, visionary – which free the human spirit to range beyond the limits of empirical primary world reality. In a sense, then, fantasy provides the writer with greater scope to construct his own scheme of morality, his own time structure, his own political and social order. But at no time does this apparent freedom permit the author to escape from contemporary reality. Indeed the fundamental purpose of serious fantasy is to comment upon the real world and to explore moral, philosophical and other dilemmas posed by it. (Swinfen)

Jeder ernsthafte Fantasyroman wurzelt tief in der menschlichen Erfahrung und dem menschlichen Leben. Sein wesentlicher Unterschied zum realistischen Roman liegt darin, dass er Bereiche der Erfahrung mit berücksichtigt – Vorstellungskraft, Unterbewusstsein, Visionen –, die es dem menschlichen Geist erlauben, Regionen jenseits der Grenzen der empirischen Primärwelt aufzusuchen. So gesehen stellt die Fantasyliteratur dem

Autor eine größere Bandbreite zur Verfügung, sein eigenes moralisches Schema, seine eigene Zeitstruktur, seine eigene soziale und politische Ordnung zu entwerfen. Aber niemals erlaubt diese scheinbare Freiheit dem Autor, der Realität der Gegenwart zu entfliehen. Vielmehr ist es der fundamentale Zweck ernsthafter Fantasyliteratur, einen Kommentar zur realen Welt abzugeben sowie moralische, philosophische und andere Probleme der Realität zu behandeln.

Welche Kritiken und Anregungen Tolkiens *The Lord of the Rings* zu den Problemen und Konflikten der modernen menschlichen Entwicklung beiträgt, wird diese Arbeit aufzeigen und so zugleich den Bogen zur allgemeinen Entwicklung von *Fantasy* nach Tolkien schlagen. Was genau die *Fantasy* heutzutage ausmacht und welche Gemeinsamkeiten die literarischen Werke dieser Gattung für sich in Anspruch nehmen, wird im Abschlusskapitel 5 näher aufgezeigt werden, denn zuvor soll Tolkiens *The Lord of the Rings* eingehend untersucht worden sein, ist sein Werk doch stark prägend für die Beurteilungskriterien moderner *Fantasy*.

Was die Genrediskussion betrifft, so ist anzumerken, dass J. R. R. Tolkien selbst eine Kategorisierung von Literatur nur bedingt akzeptierte, da er die Gefahr erkannt hatte, als Autor in eine literarische Schublade gesteckt zu werden:

Lebenden oder toten Schriftstellern „Etikette" anzuheften, ist unter allen Umständen ein unvernünftiges Treiben: eine kindische Belustigung für kleine Geister, und höchst „abtötend", weil es im besten Falle überbetont, was einer ausgewählten Gruppe von Schriftstellern gemeinsam ist, und die Aufmerksamkeit von dem, was jedem von ihnen *individuell* (und nicht klassifizierbar) ist, ablenkt, was doch dasjenige ist, was ihnen Leben verleiht (wenn sie welches haben). (Carpenter)

Und obwohl er sich in zahlreichen anderen literarischen Betätigungsfeldern übte, überschattet der kommerzielle Erfolg von *The Lord of the Rings* alle anderen Werke Tolkiens, und so werde ich ihn im folgenden als reinen *Fantasy*-Autor behandeln, der sich jedoch, wie sich zeigen wird, seine Individualität trotz zahlreichem *re-writing* alter Mythen und anderer Quellen zu bewahren wusste.

2. Re-writing the Past –
Die Säulen von Middle-earth

„And now the songs have come down among us out of strange places and walk visible under the Sun." (TT, 191)

„Und jetzt sind die Lieder aus seltsamen Gegenden zu uns gekommen und wandeln sichtbar unter der Sonne." (HR, 557)

2.1 Einleitung

Um Tolkiens mythische Dimensionen nachvollziehen zu können, die in *The Lord of the Rings* durch Geschichten, Lieder und Überlieferungen angedeutet werden, darf *The Silmarillion* nicht außer Acht gelassen werden. Tolkien hatte stets versucht, beide Bücher gemeinsam zu veröffentlichen, da er der Überzeugung war, sie wären zu eng miteinander verbunden, um voneinander getrennt zu werden. Allerdings schreckten die Verlage vor dieser Forderung zurück, da *The Silmarillion* auf der einen Seite zu ungewöhnlich für den modernen Buchmarkt erschien und auf der anderen Seite noch immer aus einem unübersichtlichen, ungeordneten Haufen an unzähligen Manuskripten und Überarbeitungen bestand.

So kam es, dass *The Silmarillion* erst nach Tolkiens Tod posthum von seinem Sohn Christopher veröffentlicht wurde, der zuvor aus den vielen Aufzeichnungen seines Vaters die seiner Meinung nach beste Auswahl getroffen hatte. Einige Jahre später folgten dann die zwölf Bände der *The History of Middle-earth*, ebenfalls von Christopher Tolkien herausgegeben, in denen viele inhaltliche Lücken und Alternativversionen zu *The Silmarillion* angeboten wurden, beruhend auf den bisher vernachlässigten Schriften J. R. R. Tolkiens.[6]

Es wird also niemals eine vom Autor autorisierte Fassung des *The Silmarillion* geben, so dass sich viele Interpretationsansätze stets unter Vorbehalt verfolgen lassen sollten. Außer Frage steht jedoch der literarische Wert und Nutzen für *The Lord of the Rings*, denn „[i]n any case it served as a primary source for *The Lord [of the Rings]*" (Mathews) [ohne Zweifel diente es als wichtigste Quelle für *The Lord of the Rings]* und „[b]y incorporating various epic traditions and types into one form – and one, moreover, which closely adheres to the requirements Aristotle prescribed for the epic in his *Poetics*, including a unity of action – Tolkien devises a unique form of *fantasy* writing" (Mathews) [indem er in *The Silmarillion* verschiedenste Typen und Traditionen des Epos in eine Form goß – eine Form, die überdies strikt den Anforderungen gehorcht, die Aristoteles für das Epos in seinem Werk *Poetics* aufstellte, insbesondere der Einheit der Handlung – schuf Tolkien eine einzigartige Form der Fantasyliteratur].

The Silmarillion dient also, wie Mathews es treffend formuliert hat, als Primärquelle für die Handlungen und Motivationen der verschiedenen Kulturen und Traditionen in Middle-earth und erklärt folglich die geographischen und sozial-politischen Strukturen in *The Lord of the Rings*. Aus diesem Grund wird *The Silmarillion* in den folgenden Untersuchungen über den Einfluss alter Mythen und Legenden ebenfalls berücksichtigt.

2.2 Am Anfang war das Wort – Die Bedeutung von Sprache

J. R. R. Tolkien war nicht in erster Linie Schriftsteller, auch wenn er dadurch letztendlich internationale Berühmtheit erlangte. Allem voran war er Philologe, der 39 Jahre an den Universitäten in Oxford und Leeds englische Sprache unterrichtete. Neben seiner Vorliebe für Altenglisch verfügte er außerdem über mehr oder weniger weitreichende Kenntnisse im Lateinischen, Griechischen, Finnischen, Gotischen, Walisischen, und Isländischen und war laut seinem Biographen Carpenter „ein Kenner aller Dialekte des Angelsächsischen und Mittelenglischen," während er sich zusätzlich „1919 und 1920, als er am *Oxford Dictionary* mitarbeitete, mit einer Anzahl anderer germanischer Sprachen vertraut gemacht" hatte.

Es ist folglich keine große Überraschung, dass in seinem Lebenswerk *The Lord of the Rings* nicht weniger als fünfzehn verschiedene Sprachen auftauchen, die sich in Unterhaltungen, Namen, Liedern, Gedichten oder Überlieferungen angedeutet oder klar ausgearbeitet wiederfinden.

In einem Brief an W. H. Auden kurz nach der Veröffentlichung des letzten Bandes von *The Lord of the Rings* 1955 äußerte sich Tolkien folgendermaßen zu seiner Liebe zu den Sprachen:

Am wichtigsten war vielleicht, nach dem Gotischen, die Entdeckung einer finnischen Grammatik in der Bibliothek des Exeter College, als ich mich eigentlich auf das erste Examen in Altphilologie vorbereiten sollte. Es war, als hätte man einen Keller voller Flaschen eines erstaunlichen Weines gefunden, von einer Sorte, wie man sie noch nie gekostet hat. [...] All dies nur als Hintergrund zu den Geschichten [von Middle-earth], obwohl die Sprachen und Namen für mich von den Geschichten nicht zu trennen sind. Sie sind und waren, sozusagen, ein Versuch, einen Hintergrund oder eine Welt darzustellen, in der die Äußerungen meines Sprachgeschmacks eine Funktion haben könnten. Die Geschichten kamen erst vergleichsweise spät dazu. (Carpenter)

Inspiriert von eigenen Gedichten, vom Erfinden eigener Grammatiken und von alten Mythologien (wie unter anderem dem verhältnismäßig neuen finnischen Epos *Kalevala*[7]), begann Tolkien ab 1917 langsam und anfangs nur für sich an den Geschichten zu arbeiten, die seinem „Sprachgeschmack" Funktion und Sinn geben sollten. Diese Episoden, die erst nach seinem Tod als *The Silmarillion* veröffentlicht wurden, und welche die Schöpfungs- und Weltgeschichte von Middle-earth über einen Zeitraum von mehr als 6000 Jahren umschreiben, bildeten den inspirativen Nährboden für seine zwei erfolgreichsten Bücher *The Hobbit* und *The Lord of the Rings*.

Tolkien erfand nicht nur in Bezug auf Vokabular, Grammatik und Aussprache zwei elbische Sprachen, das Quenya und das Sindarin, sondern er passte seinen fiktiven Völkern entsprechende Sprachmuster an, damit diese sich innerhalb der Geschichte voneinander unterscheiden:

> Tolkien used English to represent the Common Speech, Westron, spoken by the hobbits and most of the Free Peoples of Middle-earth. The relationship of English to the languages of other peoples indicates those peoples' relationships to the hobbits. Throughout most of *The Lord of the Rings,* Anglo-Saxon-based English is used to give the effect of simple dignity and proximity to nature. In the Shire, the English Tolkien used was informal and often unsophisticated and provincial. In Rohan, actual Old English words, names and phrases were used to show that their relationship to Modern English reflects the similarities between the tongues of the Shire and the Mark. These two languages had a common

source in the speech of Wilderland, where both the hobbits and Rohirrim originated. In Gondor, French and other Latin-based words were used to suggest a language still more removed and noble than the Common Speech used elsewhere. This was because the inhabitants of Gondor spoke not only Westron but Elvish as well. (Noel)

Tolkien benutzt Englisch, um die Common Speech, Westron, darzustellen, die von den Hobbits und den meisten der Freien Völker von Middle-earth gesprochen wird. Das Verhältnis von Englisch zu den Sprachen der anderen Völker spiegelt die Beziehungen dieser Völker zu den Hobbits wieder. Im größten Teil des *Lord of the Rings* verwendet Tolkien ein an das Angelsächsische angelehntes Englisch, um damit schlichte Würde und Naturverbundenheit auszudrücken. Für die Heimat der Hobbits, das Shire, bedient sich Tolkien eines schlichten und umgangssprachlichen Englischs. In Rohan verwendet er Wörter, Namen und Redewendungen aus dem Old English, um durch dessen Verwandtschaft zum modernen Englisch die Ähnlichkeiten zwischen der Sprache des Shire und der der Mark aufzuzeigen. Beide Sprachen haben einen gemeinsamen Ursprung in der der Sprache Wilderlands, woher sowohl Hobbits wie Rohirrim stammen. In Gondor sollen Wörter, die dem Französischen oder Lateinischen entlehnt sind, andeuten, dass diese Sprache noch weit distanzierter und gehobener ist als die in den anderen Teil Middle-earths benutzte Common Speech. Tolkien gibt dafür als Begründung an, dass die Einwohner von Gondor nicht nur Westron, sondern auch Elvish sprechen.

Während also die Sprachenvielfalt in Middle-earth teilweise nur angedeutet wurde, erfuhr sie anderswo, wie bei den Elben, ausgeprägte Tiefen. Das Gesamtkonzept jedenfalls beweist Tolkiens Liebe zur Sprache und zum Klang alter Wörter, die *The Lord of the Rings* stilistisch gesehen sehr interessant macht, selbst wenn mancher Leser ob seiner Unkenntnis von Elbenvokabular sich zuweilen nach dem genauen Sinn der Worte fragen mag. Hier zeigt sich Tolkiens Hang zum Symbolhaften. Weniger der klar definierbare Sinn als vielmehr die Funktion für die Handlung oder den Zauber der Atmosphäre bestimmen sein schöpferisches Potential, welches sich in den Gedichten in elbischer Sprache wie aber auch einzelnen verlorenen Bemerkungen wiederfindet:

‚Galadriel' he [Sam] said faintly, and then he heard voices far off but clear: the crying of the Elves as they walked under the stars in the beloved shadows of the Shire, and the music of the Elves as it came through his sleep in the Hall of Fire in the house of Elrond.
Gilthoniel A Elbereth!
And then his tongue was loosed and his voice cried in a language which he did not know:
*A Elbereth Gilthoniel
o menel palan-diriel,
le nallon sí di'nguruthos!
A tiro nin, Fanuilos!*
(TT, 425)

‚Galadriel' sagte er schwach, und dann hörte er fern, aber deutlich Stimmen: die Rufe der Elben, die unter den Sternen in den geliebten Schatten des Auenlandes wanderten, und die Musik der Elben, die er im Schlaf in der Halle des Feuers in Elronds Haus vernommen hatte.
Gilthoniel A Elbereth!
Und dann löste sich seine Zunge, und seine Stimme rief in einer Sprache, die er nicht kannte:
*A Elbereth Gilthoniel
o menel palan-diriel,
le nallon sí di'nguruthos!
A tiro nin, Fanuilos!*
(HR, 737)

Obgleich weder Sam noch der Leser anfangs den genauen Sinn dieser Worte erfassen können, erfährt die oben angeführte Passage durch ihre fremdartige Sprache eine besondere Wirkung und Bedeutung. Helmut W. Pesch führt diese Funktion auf eine Reflexion des „magischen Charakters der Sprache als auch auf ihre Funktion als Medium der Schöpfung, welches diese bestimmt" (Pesch) zurück. Tolkien selber empfand den kreativen Gebrauch von Sprache in gewisser Weise ebenbürtig mit einem Schöpfungsakt, der uns Gott näher bringt. Die Imagination und Phantasie des Lesers wird hierbei ebenso angeregt und gefördert wie die schöpferische Kraft des Wortes.

Die vielen Jahre des Schreibens und der Revision ließen Tolkien beinahe jedes Wort in seinem *The Lord of the Rings* nochmals überdenken und überarbeiten, so dass ihm Eigenkreationen wie beispielsweise der neu erfundene Plural von *dwarf (dwarves* anstatt dwarfs) sehr ans Herz wuchsen. Obwohl die Setzer des Verlags ihm anfangs dwarves zu dwarfs, elvish zu elfish oder further zu farther korrigierten, bewies Tolkien eine beeindruckende Entschlossenheit seiner eigenen Middle-earth-Orthographie und -Grammatik gegenüber, so dass er seine unkonventionellen Formen bei den kritischen Setzern seines Verlages schließlich durchsetzen konnte; mit bleibendem Erfolg, wie man nachlesen kann, denn mittlerweile schreibt sich im Englischen der Plural von dwarf wirklich als dwarves.

Ergänzend zu diesen Wortveränderungen, die seinen Texten unabhängig vom grammatikalischen Stil eine persönliche Note geben, bewertete Tolkien selbst bei kleinen Nebensächlichkeiten jedes einzelne Wort in *The Lord of the Rings* unter dem Aspekt, ob es in seiner Herkunft und Wirkung zu der Welt von Middle-earth passte oder nicht. So beschreibt er beispielsweise den Pfeifentabak, den Gandalf und die Hobbits im Verlauf der Handlung gerne konsumieren und der im Prolog zu *The Lord of the Rings* gar sein eigenes Kapitel „Concerning Pipe-weed" *(FR*, 26) „Über Pfeifenkraut" *(HR*, 24) erhält, nicht als *tobacco* sondern als *pipe-weed*. Obwohl Tolkien dieses *pipe-weed* in Herstellungsweise und Benutzung eindeutig als Tabak klassifiziert, benennt er es in einer ganz eigenen Weise als *pipe-weed*. Der Grund dafür mag, wie Shippey es vermutet, darin liegen, dass *tobacco* nicht der phonetischen Struktur des Englischen entspricht, sondern zu ausländisch für das Shire, die Heimat der Hobbits, klingen würde:

> **It [the word *tobacco*] is an import from some unknown Caribbean language via Spanish, reaching English only after the discovery of America, sometime in the sixteenth century. [...] ‚Pipeweed' shows Tolkien's wish to accept a common feature of English modernity, which he knew could not exist in the world of elves or trolls, and whose anachronism would instantly be betrayed by a word with the foreign feel of ‚tobacco'. (Shippey)**

Das Wort *tobacco* [Tabak] stammt aus einer unbekannten karibischen Sprache und fand seinen Weg über das Spanische ins Englische erst im sechzehnten Jahrhundert, nach der Entdeckung Amerikas. [...] Tolkien Bezeichnung ‚Pfeifenkraut' deutet an, dass er einerseits das Rauchen als moderne Angewohnheit in sein Werk aufnehmen, andererseits aber den offensichtlichen Anachronismus, den die Verwendung des fremdartigen Wortes *tobacco* in einer Welt von Elben und Trollen bedeutet hätte, vermeiden wollte.

Doch im Gegenzug zu all den besonderen und magischen Momenten neugeschaffener Sprachelemente beweist Tolkien auch sein kritisches Auseinandersetzungsvermögen mit dem Gebrauch von

Sprache. So porträtiert er Saruman, den Obersten des Weißen Rates, der schließlich seinen eigenen Machtgelüsten zum Opfer fällt, als Meister der Beeinflussung, allein durch den bloßen Klang seiner Stimme:

Suddenly another voice spoke, low and melodious, its very sound an enchantment. Those who listened unwarily to that voice could seldom report the words that they heard; and if they did, they wondered, for little power remained in them. Mostly they remembered only that it was a delight to hear the voice speaking, all that it said seemed wise and reasonable, and desire awoke in them by swift agreement to seem wise themselves. When others spoke they seemed harsh and uncouth by contrast; and if they gainsaid the voice, anger was kindled in the hearts of those under the spell. For some the spell lasted only while the voice was spoke to them, and when it spoke to another they smiled, as men do who see through a juggler's trick while others gape at it. For many the sound of the voice alone was enough to hold them enthralled; but for those whom it conquered the spell endured when they were far away, and ever they heard that soft voice whispering and urging them. But none were unmoved; none rejected its pleas and its commands without an effort of mind and will, so long as its master had control of it. *(TT,* 228)

Plötzlich sprach eine andere Stimme, leise und melodisch, allein ihr Klang war eine Verzauberung. Jene, die arglos dieser Stimme lauschten, konnten selten die Worte berichten, die sie gehört hatten; und wenn sie es taten, wunderten sie sich, denn wenig Überzeugungskraft war in ihnen geblieben. Meistens erinnerten sie sich nur, dass es eine Freude gewesen war, die Stimme sprechen zu hören; alles, was sie sagte, schien klug und vernünftig zu sein, und der Wunsch erwachte in ihnen, durch rasche Zustimmung selbst klug zu erscheinen. Wenn andere sprachen, erklangen ihre Stimmen im Vergleich dazu schrill und grob; und wenn sie der Stimme widersprachen, entbrannte Ärger in den Herzen jener, die von ihr bezaubert waren. Bei manchen hielt der Zauber nur so lange an, wie die Stimme zu ihnen sprach, und wenn sie mit einem anderen sprach, lächelten sie, wie Männer lächeln, die das Kunststück eines Gauklers schon durchschauen, während andere noch Mund und Nase aufsperren. Für viele war allein der Klang der Stimme ausreichend, sie im Banne zu halten; aber bei denjenigen, die von ihr bezwungen worden waren, hielt der Zauber an, auch wenn sie weit fort waren, und immer hörten sie diese sanfte Stimme flüstern und sie anspornen. Aber keiner blieb ungerührt; keiner wies ihre Bitten und Befehle zurück ohne eine Anstrengung des Geistes und des Willens, solange er noch die Herrschaft darüber hatte. (*FR*, 585)

Hier offenbart Tolkien auch die negative Kraft von Sprache, die zu propagandistischen oder manipulativen Zwecken missbraucht werden kann, wie es zu Tolkiens Zeit von den Großmächten überall auf der Welt praktiziert wurde. Saruman in *The Lord of the Rings*, wie auch sein Knecht Schlangenzunge oder Smaug im *The Hobbit*, verfügt über Kenntnis und Talent, dieses so mächtige weil beeinflussende Medium für sich zu nutzen, um dadurch Macht über andere zu erlangen. Tolkien weicht also in seiner Leidenschaft für Worte nicht der Ambivalenz von Sprache als Kommunikationsmittel aus und stellt demonstrativ die wundervollen Gesänge der Elben in Kontrast mit düsteren Mahnungen, wie Sprache von gerissenen Individuen wie Saruman zu üblen Zwecken missbraucht werden kann.

Eine weitere Funktion von Sprache, als Weg, das Wissen aus der und über die Vergangenheit in die Gegenwart zu transportieren, damit neue Lehren daraus gezogen werden, wird später in Bezug auf die künstliche Historizität von Middle-earth noch weiter erläutert werden. Wichtig anzumerken ist hier jedoch bereits die Effektivität von bewusst eingesetzten Sprachelementen durch den Autor, die Middle-earth eine Glaubhaftigkeit und authentische Tiefe verleihen und somit einen ernsthaften Mythosgedanken weiterverfolgen.

Nonetheless for a not inconsiderable number of readers and critics the languages with their oddly genuine resonance contribute to the ‚inner consistency of reality' of Middle-earth that the author desired. Certainly the languages (together with the other more fragmentary ones) as they have been incorporated into the mythology bolster the sense of historicity of Middle-earth. (Garbowski)

Dennoch tragen für eine nicht unbeträchtliche Anzahl von Lesern und Literaturkritikern die Sprachen mit ihrem verblüffend glaubwürdigen Klang zu der ‚inneren Konsistenz der Realität' von Middle-earth bei, die der Autor angestrebte. Ohne Zweifel fördern die Sprachen (und nicht nur die ausgeformten, sondern auch die fragmentarisch angedeuteten) das Gefühl der geschichtlichen Tiefe von Middle-earth.

Diese „inner consistency of reality" [innere Konsistenz der Realität] ist in Tolkiens The Lord of the Rings die Grundlage für die Faszination, die dieses Werk nach wie vor auf Leser ausübt, denn dadurch, dass die Sekundärwelt Middle-earth derartig glaubhaft ausgearbeitet ist, besteht sie als ein derart komplexes literarisches Konstrukt, das selbst beim wiederholten Lesen immer wieder aufs Neue bisher unentdeckte Einzelheiten offenbart.

Wie wichtig Tolkien seine Sprachelemente waren, zeigt sich in den folgenden etymologischen und mythologischen Untersuchungen ausgewählter Namen und Passagen aus seinen Werken. Dabei auf jede in der Sekundärliteratur nachvollzogene Rückverfolgung von Namen aus The Lord of the Rings zur ursprünglichen Bedeutung aus dem zumeist Altenglischen einzugehen, würde den Rahmen dieser Arbeit bei weitem sprengen. Es sei also angemerkt, dass annähernd jeder neu erfundene Name in The Lord of the Rings, sei es ein Lebewesen, ein Gegenstand oder ein geographisches Merkmal, seine Wurzeln im Altenglischen oder der nordischen Götter- und Heldenwelt hat. Diese Wurzeln wiederum wurden von Tolkien derart sorgfältig ausgewählt, dass die Grundlage dieser Namen stets eine treffende, wenn auch für den Linguistiklaien zuerst verborgene Bedeutung besitzt und sich somit wiederum ins Gefüge von Middle-earth sinnvoll einordnen lässt. Hierbei sei vor allem auf Untersuchungen von Ruth Noel (1977), T. A. Shippey (1982) und Armin Dahlke (1998) verwiesen, die in ihren Büchern die wesentlichen Merkmale von Tolkiens soeben beschriebener Methodik detailliert aufzeigen.[8]

Natürlich kann in dieser Arbeit eine bloße Auflistung der unterschiedlichen Herkünfte von Worten keineswegs deren alleinige Bedeutung für die Leserrezeption wiederspiegeln, doch soll hier die Intensität von Tolkiens Nachforschungen und Bemühungen veranschaulicht werden, die in letzter Konsequenz auf die kulturellen Wurzeln nahezu aller westeuropäischer Völker zurückgreift. Die dadurch entstehende unterschwellige Vertrautheit mit Middle-earth ist ebenso relevant für die Wirkung von The Lord of the Rings wie der damit verbundene Einfluss von Mythen und Religion, welcher jetzt weiter ausgeführt werden soll.

Doch ich möchte darauf hinweisen, dass Tolkien zwar in Briefen und Gesprächen entsprechende Parallelen und Inspirationen bereitwillig zugegeben hat, sich jedoch viele Ähnlichkeiten zu alten Mythen auf spekulativer wenn auch wahrscheinlicher Basis bewegen, die sich wiederum vorwiegend auf dem Wissen um den wissenschaftlichen Hintergrund des Autors stützen.

Dies, wie bereits in der Einführung erwähnt, steht nun erneut im Gegensatz zu den Ansichten Tolkiens, der das literarische Werk als einzige Interpretationsquelle behandelt haben wollte, fernab aller biographischer Elemente des Verfassers.

2.3 Das Erbe nordischer Mythologie

Die wichtigsten nordischen Mythen und Legenden finden sich in der Edda, dem skandinavischen Götterepos, die Tolkien in vielerlei Hinsicht als Inspiration für Namen und Aktionen innerhalb des Middle-earth Kosmos dient. Angefangen bei den Zwergen in *The Hobbit*, die ihre Namen fast ausnahmslos aus der älteren Edda beziehen und gleichzeitig die ursprünglichen Bedeutungen der Namen als wesentliche Eigenarten der Charakterzüge übernehmen, adaptiert Tolkien zusätzlich aus der Siegfried-Sage Aussehen und Lebensweisen der Zwerge, indem er sie als kleinwüchsige, starrköpfige, Gold liebende Handwerker beschreibt und ihnen geographisch das Gebirge als Heimat zuordnet. Die genauen Rückverfolgungen dieser Übernahmen werden in von Armin Dahlke (1998) sehr anschaulich nachvollzogen. Interessant ist hierbei, dass Tolkien die entscheidenden Grundzüge der Elben, die in der Geschichte von Middle-earth immer wieder als Gegenpart zu den Zwergen unter den freien Völkern gelten, aus der angelsächsischen Vergangenheit holt. Durch diesen Gegensatz sprengt er sogleich wieder die symbolischen Fesseln, die ihm eine zu konsequente Adaption nordischer Mythologie angelegt hätte.

Doch neben den Zwergen haben auch andere Völker und Personen in *The Lord of the Rings* ihre Vorbilder in dem Götter- und Heldengeschlecht der Edda und ihrer Sagenwelt. So findet der nordische Gott Odin seine Nachfolger sowohl im Zauberer Gandalf, einem der wichtigsten Charaktere in *The Lord of the Rings*, wie auch in Sauron, dem Dunklen Herrscher. Odins Persönlichkeit wurde von Tolkien aufgespalten, so dass die guten Eigenschaften sich in Gandalf, die schlechten sich in Sauron wiederfinden:

So ist Gandalf neben seinem odinähnlichen Aussehen weise, gelehrt, gütig, Gebieter über das Feuer, Herr vieler und ähnlicher Namen, steht in Verbindung mit Adlern und Raben und hält eine ähnliche Funktion als Sturmgott inne, da er den Beinamen „Gandalf Stormcrow" *(TT,* 143) [„Gandalf Sturmkrähe" *(HR,* 520)] trägt. Seine etymologische Natur findet sich im altnordischen *Gandalfr*, was soviel wie „der zauberkundige Albe" bedeutet. Außerdem besaß Odin ein magisches Pferd, vergleichbar mit Shadowfax, Gandalfs außergewöhnlichem Reittier, welches ebenfalls die menschliche Sprache versteht. Sauron indes wird in *The Lord of the Rings* nie in seiner physischen Form beschrieben sondern zeichnet sich einzig durch düstere Symbolik aus: ein lidloses Auge, Herr über magische Ringe, kriegs- und totengottähnliche Autorität, Diebstahl alten Wissens, um dadurch seine eigenen Pläne zu verwirklichen; dies alles lässt sich auch auf Odins Schattenseiten zurückverfolgen.

Als Bindeglied zwischen diesen beiden Odinsfiguren steht der gefallene Zauberer Saruman, der wie Loki aus der nordischen Götterwelt sich durch äußere Vielfarbigkeit, Sinnbild für seine unterschiedlichen Gesichter, sowie seine manipulative Falschheit identifizieren lässt. „Wie Loki die Götter so verlässt Saruman den Rat der Weisen, um bösem Tun nachzugehen" (Dahlke), missbraucht zudem seine alten Freunde, die er sodann verächtlich verspottet, und wird letztendlich von Grima Wormtongue getötet, so wie auf Loki Schlangengift herabtropft, als er zur Strafe für seine Taten angekettet wird. Doch Saruman ist weniger elementar für den Verlauf der Handlung in *The Lord of the Rings* wie Gandalf oder Sauron, und deshalb wird er nicht durch angelsächsische oder biblische Mythensymbolik ergänzt wie diese zwei. Die Kreation der beiden Gegenpole Gandalf und Sauron aus einer gemeinsamen Quelle, vermischt mit zusätzlichen, entscheidenden Elementen ist auf Tolkiens Vorstellung von Neuschöpfung zurückzuführen, die von bloßer Adaption insofern abweicht, als dass er Teile der nordischen Mythologie zwar auf Gandalf und Sauron überträgt, diese aber sogleich mit anderen Bausteinen aus einer völlig verschiedenen Abstammung vollendet und somit etwas Neues erschafft.

Weitere Beziehungen zu Odin oder Loki finden sich in der Beziehung von Frodo und Gollum. Der Name Frodo stammt von Frô, einer Form der skandinavischen Fruchtbarkeitsgöttin Freya, mit der Bedeutung „weise" oder „fruchtbar". Er taucht als Froda auch im Beowulf auf, doch weist er vor allem Parallelen zum dänischen König Fródi auf, einem Nachkommen Odins, die sich in einer ähnlichen Einstellung zur Heimat manifestieren. Gollum hingegen erscheint zum ersten Mal in einer unterirdischen Grotte, als er Bilbo in *The Hobbit* begegnet, dem Zwerg Andvari ähnelnd, der dem Gott Loki einen wertvollen Ring vorenthält und dessen Diebstahl schließlich verflucht.

Auch die dramatische Begegnung der Gemeinschaft mit dem Balrog in den Minen von Moria reflektiert das in der Edda angekündigte Ende der Welt. Der Balrog weist starke Parallelen mit dem Gott Surt auf, denn „[b]oth were giant figures combining darkness and consuming fire. Each was armed with a flaming sword and each fought high on a frail bridge, breaking it down" (Noel) [beide waren der äußeren Erscheinung nach Riesen, die in sich die Finsternis und das verzehrende Feuer vereinten. Jeder war mit einem Flammenschwert gerüstet, und jeder kämpfte auf einer schmalen Brücke, die er unter sich zum Einsturz brachte]. Surt war eine der entscheidenden Mächte, die Ragnarök ankündigten, das Ende der Welt, und der Kampf mit Gandalf ist ebenso beschrieben wie in der nordischen Mythologie, „with the powerful wizard destroyed in overthrowing his enemy, but returned to life in a higher form" (Noel) [als mächtiger Zauberer, der bei der Vernichtung seines Feindes selbst den Tod findet, aber in neuer, erhabenerer Gestalt wieder zum Leben erwacht]. Zwar findet in *The Lord of the Rings* nicht das Ende der Welt statt, aber wie in Kapitel 3 aufgezeigt werden wird, beschreibt Tolkien eine Welt des Niedergangs, der scheidenden alten Völker und den Beginn eines neuen, weniger zauberhaften Zeitalters, welches unter anderem durch den Balrog und seine Ragnarök-Symbolik prophezeit wird.

Weitere typische Elemente nordischer Mythologie spiegeln sich in den Hügelgräbern der alten Krieger, der Bestattung Boromirs auf einem Boot den Fluss hinab oder der weiblichen Kriegerin Éowyn wieder, die von Ruth Noel mit den Valkyren aus der Edda verglichen wird, was wiederum wie bei Gandalf oder Sauron nur für einen Teil dieses Charakters zutreffend ist. Zwar versteckt sich Éowyn hinter einer valkyrenartigen Maske, doch ihre wahre Natur und die von Tolkien beabsichtigte Funktion dieser Figur ist eine vollkommen andere (siehe Kapitel 3.9-11).

Zahlreiche kleine Ähnlichkeiten und Annäherungen zu nordischer Mythologie lassen sich indes weiter angeben, wie beispielsweise die lebenspendenden Bäume in *The Silmarillion*, die in ihrem Status und ihrer Verbindung zu den Göttern der Weltenesche Yggdrasil gleichkommen, doch sollen die wenigen Beispiele hier reichen, um ein ausreichendes Bild von Tolkiens Methodik und Absicht zu zeichnen, ausgewählte skandinavische Mythologiebruchstücke zu nehmen und diese in seine eigene Mythologie einzufügen. Hierbei distanziert sich Tolkien allerdings zum vorhandenen Material und gibt diesem statt dessen eine neue und veränderte Bedeutung, nicht notwendigerweise aktualisiert, sondern einfach transformiert.

Tolkien was irritated all his life by modern attempts to rewrite or interpret old material, almost all of which he thought led to failures of tone and spirit. Wagner is the most obvious

example. People were always connecting *The Lord of the Rings* with *Der Ring des Nibelungen*, and Tolkien did not like it. [...] [W]hat upset Tolkien was the fact that Wagner was working, at second-hand, from material which *he* knew at first-hand, primarily the heroic poems of the *Elder Edda* and the later Middle High German *Nibelungenlied*. Once again he saw difference where other people saw similarity. Wagner was one of several authors with whom Tolkien had a relationship of intimate dislike: Shakespeare, Spenser, George MacDonald, Hans Christian Andersen. All, he thought, had got something very important not quite right. (Shippey)

Sein ganzes Leben lang ärgerte sich Tolkien über moderne Versuche, altes Material neu zu bearbeiten oder zu interpretieren, was seiner Meinung nach stets zu einer Verarmung an Stil und Sinn führte. Wagner ist dafür das beste Beispiel. Viele Literaturkritiker verglichen *The Lord of the Rings* mit *Der Ring des Nibelungen*, was Tolkien ablehnte. [...]

Was Tolkien insbesondere verärgerte, war, dass Wagner mit Material aus zweiter Hand arbeitete, das *er* selbst aus den Originalquellen kannte, in erster Linie aus der Älteren Edda und dem späteren mittelhochdeutschen Nibelungenlied. Und wieder sah er dort Unterschiede, wo andere Ähnlichkeiten wahrnahmen. Wagner war nur einer von mehreren Autoren, zu denen Tolkien ein Verhältnis deutlicher Abneigung hatte: Shakespeare, Spenser, George MacDonald und Hans Christian Andersen. Von all diesen dachte er, dass sie in ihrem Schaffen einen schwerwiegenden Fehler begangen hätten.

Es ist also wichtig zu beurteilen, inwieweit Tolkien versucht, die übernommenen Elemente aus seinen zahlreichen Quellen zu verändern und in seine eigene Welt einzubauen. Ihm liegt weniger daran, den alten nordischen Legenden neues Leben einzuhauchen, als vielmehr den seiner Meinung nach noch immer vorhandenen Geist dieser Sagenwelten umgewandelt in seine eigene Neuschöpfung zu integrieren. Dies lässt sich vor allem in Bezug auf Stil, Struktur und anhand der epischen Schlachten in The Silmarillion aber auch bei den Charakteren in The Lord of the Rings aufzeigen.

Somit schafft Tolkien es, den alten Mythen Respekt zu zollen und gleichzeitig seine eigenen Geschichten kreativ weiterzuentwickeln, oder wie es Garbowski formuliert, neben der Sprachvielfalt durch gezielt ausgewählte Mythenelemente für seine Sekundärwelt und die darin stattfindende Handlung eine „inner consistency of reality" zu produzieren.

2.4 Der Einfluss der angelsächsischen Mythologie

Einer der bekanntesten Texte aus dem Altenglischen ist das nahezu 3000 Zeilen lange Heldengedicht Beowulf, das womöglich aus dem siebten Jahrhundert stammt[9]. Tolkiens bekanntes Interesse und Faszination an Beowulf zeigt sich in der Übernahme wesentlicher Handlungsstränge aus dem Beowulf in *The Hobbit*. So folgen beispielsweise die Drachenszenen deutlich dem Aktionsmuster Beowulfs, obgleich sie in *The Hobbit* sinngemäß verändert und der Geschichte angepasst wurden. Shippey nennt Beowulf „[t]he single work which influenced Tolkien most" [dasjenige Werk, das Tolkien am meisten beeinflusste], und auch Dahlke sieht hier die wesentliche Grundlage für Tolkiens mythologischen Unterbau seiner Welt Middle-earth. Beide Autoren, wie auch Ruth Noel, führen zum Beleg ihrer These zahlreiche etymologische Beispiele an, die aufzeigen, dass zahlreiche Namen und Orte der menschlichen Völker in Middle-earth, wie Rohan und seine Bewohner, aus dem Beowulf oder anderen altenglischen Überlieferungen entnommen wurden. Inwieweit Tolkien nach geeigneten altenglischen Worten suchte, die zu seinen Ideen passten, oder aber eher durch die Namen der alten Heldenepen zu seinen Geschichten inspiriert wurden, lässt sich schwer rekonstruieren.

Auch die Arthur-Sage ist, entgegen der Behauptung von Ulrike Killer, „dass Tolkien dagegen nie auf die „matière de Bretagne" zurückgriff, obwohl Artus, der legendäre König, als Nationalheld Großbritanniens gilt", durchaus prägend für die Entwicklung einiger Charaktere und Handlungen. So zeigt beispielsweise die Schlussszene an den Grey Havens eine bemerkenswerte Parallele zu *Le Morte Darthur* von Malory.

Die auffälligsten Analogien finden sich jedoch in den Figuren von Aragorn und Gandalf, die in gewissem Maße Arthur und Merlin reflektieren. Ruth Noel führt nicht weniger als siebzehn entscheidende sowie weitere kleinere Ähnlichkeiten zwischen dem Werdegang Arthurs und Aragorns an, während sie für die Vorbildfunktion Merlins für Gandalf nahezu ein Dutzend Beispiele benennt. Interessant ist auch die Verbindung zwischen den beiden: Der Zauberer fungiert zunächst als Berater und Lenker hinter den Kulissen, während der stolze Krieger darauf wartet, sein rechtmäßiges Erbe, das Königreich, anzutreten.

Ein weiterer dem keltischen Mythenerbe entnommener Teil stellt vor allem das Porträt der Elben dar. Die Elben Tolkiens ähneln in Gestalt und Benehmen größtenteils den Sidhe, einem keltischen Elfenvolk. Im Gegensatz zu den anderen Rassen Middle-earths haben die Namen der Elben auch keine alt- oder mittelenglischen Wurzeln, sondern berufen sich auf ihre eigenen von Tolkien entwickelten Sprachen. Dadurch erfährt dieses Volk die größte Tiefe und Eigenständigkeit innerhalb Middle-earths, was sich nicht zuletzt in den Episoden in *The Silmarillion* niederschlägt, welche in erster Linie die Geschichte der Elben erzählen.

Aber auch am literarischen Erbe von William Shakespeare kommt die Quellenforschung für den mythologischen Unterbau von *The Lord of the Rings* nicht vorbei. Macbeth entpuppt sich hierbei als das Stück, welches sich am ehesten in seinem Einfluss auf die Handlung anführen lässt. Klarstes Beispiel ist hier der Marsch der Ents auf Isengart, über den Tolkien freizügig erklärt, dass er in Bezug auf das Volk der Ents in ihrer Funktion von Shakespeares Stück inspiriert wurde:

Aber im analytischen Rückblick würde ich sagen, dass die Ents aus Philologie, Literatur und Leben zusammengesetzt sind. Sie verdanken den *eald enta geweorc* des Angelsächsischen ihren Namen und ihre Verbindung mit Stein. Ihre Rolle in der Erzählung ist, glaube ich, bedingt durch meine bittere Enttäuschung und meinen Widerwillen gegen den kümmerlichen Sinn, in dem Shakespeare Birnams Wald gegen den hohen Hügel von Dunsinan anrücken lässt: Ich hatte Lust, eine Handlung zu erfinden, in der die Bäume wirklich in den Krieg zögen. (Carpenter)

Aber auch die verhängnisvollen Prophezeiungen wie in Macbeth durch die Weird Sisters vorgetragen, finden ihr Gegenstück in *The Lord of the Rings*. So lässt Boromir nach der Begegnung mit Galadriel der Gedanke an die Macht des Ringes nicht mehr los, und die Veränderung nach dieser prophetischen Begegnung ist für den Leser offensichtlich, denn ab diesem Zeitpunkt glaubt Boromir den einzig richtigen Weg gefunden zu haben, selbst wenn er Gewalt und Blutvergießen an seinen Freunden bedeutet:

‚To me it [the test of Galadriel] seemed exceedingly strange', said Boromir. ‚Maybe it was only a test, and she thought to read our thoughts for her own purpose; but almost I should have said that she was tempting us, and offering what she pretended to have the power to give. It needs not to be said that I refused to listen. The Men of Minas Tirith are true to their word.' But what he thought that the Lady had offered him Boromir did not tell. *(FR,* 464-465)

‚Ich fand es überaus merkwürdig', sagte Boromir. ‚Vielleicht war es nur eine Prüfung, und sie wollte unsere Gedanken lesen für ihren eigenen guten Zweck; aber fast möchte ich meinen, dass sie uns in Versuchung führte und uns etwas anbot, was zu gewähren angeblich in ihrer Macht stand. Es bedarf keiner Erwähnung, dass ich nicht darauf hörte. Die Menschen von Minas Tirith stehen treu zu ihrem Wort.' Aber was ihm die Herrin, wie er glaubte, angeboten hatte, erzählte Boromir nicht. *(HR,* 366)

Wie sein berühmter Vorgänger Macbeth lässt Boromir fortan der Gedanke an Macht und Erfolg nicht mehr los, und er wird innerlich von Ungeduld und Begierde zerfressen, bis er schließlich die Grenzen des Erlaubten überschreitet und zum Verräter wird, doch im Gegensatz zu Macbeth mordet er nicht, sondern bereut schon bald sein Vergehen und opfert sich für seine Freunde.

Ebenso kann die Prophezeiung der Weird Sisters über den Tod von Macbeth auf den Witch-King, Herren der Nazgûl, angewandt werden, dem ähnlich wie Macbeth vorausgesagt worden war, dass „No living man may hinder me!" *(RK,* 136)] [‚Kein lebender Mann kann mich hindern!" *(HR,* 847)], „implying his invincibility but actually outlining a strange doom [...] [and] he was destroyed within the framework of the prophecy – at the hands of Éowyn, a woman, and Meriadoc, a hobbit" (Noel) [womit er seine Unbesiegbarkeit ausdrücken wollte, aber tatsächlich die Art und Weise seines Untergangs vorhersagte [...] [und] seine Prophezeiung erfüllte sich durch die Hand Éowyns, einer Frau, und Meriadocs, eines Hobbits].

Als letztes wichtiges Moment des angelsächsischen Einflusses sind die Hobbits zu nennen, gleichwohl ohne Frage eine der eigenständigsten Neuschöpfungen Tolkiens. Hier greift der Autor nicht auf literarische Wurzeln der englischen Kultur zurück, sondern vielmehr auf sozial-historische. Wie die Vorfahren der Engländer auch siedelten sich in der Geschichte von Middle-earth die Hobbits in drei Stämmen in ihrer neuen Heimat an, nachdem sie sich ihr Land in entscheidenden Schlachten erkämpfen mussten.

Thus historically the Shire is like/unlike England, the hobbits are like/unlike English people. [...] Both emigrated in three tribes, Angles, Saxons and Jutes or Stoors, Harfoots and

Fallohides, all since then largely mingled. The English were led by two brothers, Hengest and Horsa, i. e. ‚stallion' and ‚horse', the hobbits by Marcho and Blanco, cp. Old English *marh, ‚horse', blanca (only in Beowulf) ‚white horse'. All four founded realms which evolved into uncharacteristic peace [...] **Organisationally too the Shire, with its mayors, musters, moots and Shirriffs, is an old-fashioned and idealised England, while the hobbits, in their plainness, greediness, frequent embarrassments, distrusts of ‚outsiders' and most of all in their deceptive ability to endure rough handling form an easily recognisable if again old-fashioned self-image of the English. The calquing is most evident, however, on the map.** (Shippey)

So ähnelt, historisch gesehen, das Shire England, und doch wieder nicht, wie die Hobbits den Engländern gleichen und auch wieder nicht. [...] Beide wanderten in drei Stämmen ein, Angeln, Sachsen und Jüten auf der einen Seite, Stoors, Harfoots und Fallohides auf der anderen, wobei sich jeweils die drei seither zum größten Teil vermischten. Die Engländer wurden von zwei Brüdern geführt, Hengest und Horsa, was ‚Hengst' und ‚Pferd' bedeutet: die Hobbits von Marcho und Blanco, was im Old English *marh, ‚Pferd' und blanca (nur im Beowulf) ‚weißes Pferd' bedeutet. Alle vier gründeten Reiche, die ungewöhnlich lange Friedenszeiten erfuhren. [...] Auch vom Standpunkt der Landesverwaltung her erinnert die Heimat der Hobbits, das Shire, mit seinen *mayors, musters, moots* und *Shirrifs* an ein altertümliches und idealisiertes England, während die Hobbits, in ihrer Schlichtheit, ihrer Gier, ihrer traditionsgebundenen Lebensweise, ihrem Misstrauen Fremden gegenüber und vor allem ihrer nicht auf den ersten Blick ins Auge fallenden Eigenschaft, schwere Zeiten ertragen zu können, wiederum einem althergebrachten Selbstverständnis der Engländer entsprechen. Die Entlehnung ist auch geographisch offensichtlich.

In der Tat sind neben der Herkunft auch viele Ortsnamen aus dem Shire der direkten Umgebung Oxfords entnommen und unterstützen somit die Analyse Shippeys. Es mag daher rühren, dass die Hobbitpassagen in *The Lord of the Rings*, vor allem die Anfangskapitel, den größten humoristischen Anteil besitzen, greifen sie doch möglicherweise auf konkrete Vorbilder in Tolkiens persönlicher Umgebung zurück. Zwar widersprach Tolkien zeitlebens jeglichen Adaptionsinterpretationen im Hinblick auf seine Zeitgenossen, doch ist es sehr auffällig, dass die Ernsthaftigkeit in Form und Ausdruck im

Shire weitaus geringer ist wie bei allen anderen Episoden des *The Lord of the Rings*. Der genaue Grund bleibt Spekulation, aber die Möglichkeit einer ironischen Auseinandersetzung mit seinen Mitmenschen durch die Augen, Ohren und Münder der Hobbits bleibt unter den Gesichtspunkten Shippeys durchaus nachvollziehbar.[10]

2.5 Bibel- und Christentum in Middle-earth

J. R. R. Tolkien war ein sehr religiöser Mann, der an seinem christlich-katholischen Glauben mit starker Überzeugung festhielt. In einem Brief aus dem Jahre 1941 schreibt er seinem Sohn Michael Tolkien, der in dieser Zeit im aktiven Wehrdienst gegen die deutschen Angriffe stand und Wochen zuvor verletzt worden war, folgende Worte:

> **Aus der Dunkelheit meines Lebens, aus so vielen Enttäuschungen stelle ich die eine große Sache vor Dich hin, die es auf Erden zu lieben gibt: das heilige Sakrament... Hier findest Du Romantik, Ruhm, Ehre, Treue und das wahre Verhältnis zu allem, was Dir lieb ist auf Erden. Und mehr noch: den Tod: nach der göttlichen Paradoxie dasjenige, was das Leben beendet und alles aufzugeben gebietet, durch dessen Geschmack (oder Vorgeschmack) aber dasjenige, was Du in Deinen irdischen Beziehungen suchst (Liebe, Treue, Freude), allein gewahrt werden oder jenen Charakter der Realität, der ewigen Dauer annehmen kann, den das Herz jedes Menschen begehrt. (Carpenter)**

Tolkiens leistete seinen religiösen Beitrag zu Middle-earth vor allem durch *The Silmarillion*, welches inhaltlich und stilistisch, obgleich durchsetzt mit Elementen heidnischer Mythologien, eindeutige Parallelen zur Bibel aufweist. Beginnend mit der Schöpfungsgeschichte der Welt durch Eru, den Einen Gott, fortgeführt mit dem Sündenfall Melkors (auch Morgoth genannt) und der Elben sowie deren Auszug aus Valinor, der Heimat der Götter, formt sich in eine nahezu endlose Geschichte aus Kriegen, Verlusten, tragischen Toden und hoffnungslosen Freundschaften durch *The Silmarillion*, welches seinen Namen von den *Silmarilli* erhalten hat, den drei Urjuwelen, in denen das Licht von Valinor, einem Gleichnis des christlichen Paradieses, eingefangen worden war. Diese Edelsteine symbolisieren ein letztes

Stück Vollkommenheit in einer gefallenen Welt und werden zu den maßgeblichen Objekten der Begierde sämtlicher Lebewesen Middle-earths im ersten Zeitalter. Das zweite Zeitalter dagegen beschreibt einen weiteren Sündenfall, den der Menschen aus Númenor, die in ihrem Hochmut, ähnlich dem Turmbau zu Babel, sich anmaßen, die göttlichen Lande in Valinor anzugreifen, da sie sich für ebenbürtig halten. Doch die Valar vernichten die gewaltige Flotte und brechen für alle Zeit die Verbindung zu ihren paradiesischen Ufern. Nur die letzten verbliebenen Elben vermögen noch über das Meer nach Westen zu segeln, somit Middle-earth für immer verlassend. Dies läutet in der Mythologie das dritte Zeitalter ein, in welchem schließlich die letzten Spuren der eindrucksvollen Vorzeit aus *The Silmarillion* die Grundsteine für Handlung und Motivation in *The Lord of the Rings* bilden. Wie auch später in *The Lord of the Rings* bei Boromir, Denethor, Saruman oder Gollum (siehe Kapitel 3.7, 3.10) spielen Sünde und Vergebung eine schwerwiegende Rolle in den Geschichten von Middle-earth. Tolkiens überzeugter Katholizismus ist unschwer zu erkennen:

> **In the letter to Waldman Tolkien claims his mythology is concerned with, among other things, the Fall ,and that in several modes', since he felt the Fall is something always present in human history. If the First Age was primarily about the Fall of the elves, the Second Age is dominated by the Fall of men, especially those privileged to live in Numenor. Nevertheless, far more than with the remaining Silmarillion mythology, the Numenor cycle's significance was only to be attained in its relationship to the Third Age. (Garbowski)**

In einem Brief an Waldman gibt Tolkien an, dass seine Mythologie sich neben anderen Dingen mit dem Sündenfall beschäftigt, ,und das in mehreren Weisen', da er überzeugt war, dass der Sündenfall in der menschlichen Geschichte stets gegenwärtig ist. Nachdem das erste Zeitalter, das *First Age*, sich in erster Linie mit dem Sündenfall der Elben beschäftigte, wird das *Second Age* von dem Sündenfall der Menschen dominiert, wovon insbesondere jene betroffen sind, die das Privileg genießen, in Numenor leben zu dürfen. Dennoch gewinnt der numenorische Zyklus seine wahre Bedeutung, weit mehr als durch die restliche Mythologie des *Silmarillons*, aus seiner Beziehung zum *Third Age*.

Verbunden mit dem biblischen Sündenfall, der wie aufgezeigt seine Ebenbilder in *The Silmarillion* hat, ist zudem die Gegenwart einer personifizierten, dämonischen Macht, die verlockt, das Natürliche pervertiert und so teufelsähnliche Züge annimmt. Diese Ebenbilder des biblischen Satans finden sich in Gestalt des ausgestoßenen Valar Melkor und in seinem Anhänger und späterem Nachfolger Sauron, der in *The Silmarillion* die schlummernden, egoistischen Gelüste der Menschen, Zwerge und Elben weckt, um gegen die unsterblichen Erzfeinde, die Valar, seinen ewigen Krieg zu führen. Während im ersten Zeitalter Melkor seine intriganten Fäden spinnt, übernimmt ab dem zweiten Zeitalter bis zur Zeit von *The Lord of the Rings* Sauron diese Rolle. Randel Helms stellt treffend: „Saurons Laufbahn ist der des biblischen und des Milton'schen Satans nachgebildet" (Helms), doch irrt er, wenn er behauptet, dass Tolkien „im Satansmythos einen völlig zufriedenstellenden Ansatzpunkt für seine eigene Erforschung des von Grund auf Bösen findet" (Helms). Wie Elrond in Rivendell erklärt, ist nichts, nicht einmal Sauron, von Beginn an böse (vgl. FR, 350), „which suggests that he is, like Satan, a fallen being of great power" [woraus sich schließen lässt, dass er ähnlich Satan ein gefallenes Wesen von großer Macht ist] (Purtill). Dies gilt ebenso für Melkor, der bei der Erschaffung der Welt in Ungnade fiel, weil seine störende Individualität seinen harmoniebedürftigen Mitgöttern nicht zusagte. Es lassen sich dementsprechend zahlreiche Parallelen vor allem zwischen *The Silmarillion* und der Bibel aufzeigen.

> **But the main point about *The Silmarillion* is that it is a Bible, an encyclopaedic epic of return which shows us ways of living with loss and the pain of recovery. Nearly contradictory to the theme of loss in the tales is the medium itself, the great wealth of mythic and archetypical invention, creation, recovery which *The Silmarillion* contains. [...] *The Silmarillion* is a crown of light, a properly inspiring testament to be returned to and reread with growing pleasure. It is both the beginning and the culmination of Tolkien's subcreation. (Mathews)**

Der wichtigste Gesichtspunkt am *Silmarillion* ist, dass es eine Bibel darstellt, ein Epos von enzyklopädischem Umfang, das uns lehrt, mit dem Verlust und dem Schmerz der Erneuerung zu leben. Dem Thema des Verlustes nahezu entgegengesetzt ist das Medium, durch das es ausgedrückt wird, nämlich der überaus große Reichtum an mythischer und archetypischer Phantasie, Schöpferkraft und Wandel, den *The Silmarillion* enthält. [...] *The Silmarillion* ist ein strahlendes Juwel, ein wahrlich erleuchtendes Testament, das man wieder und wieder mit wachsender Freude lesen muss. Es ist sowohl der Beginn als auch der Höhepunkt von Tolkiens Zweitschöpfung.

Doch die biblischen Einflüsse auf Inhalt, Struktur und Stil, die in *The Silmarillion* so vorherrschend und offensichtlich sind, treten in *The Lord of the Rings* weitestgehend in den Hintergrund, obwohl sie nie ganz verschwinden (siehe Kapitel 3.7). Vorerst gilt es festzuhalten, dass das mythische Gerüst von Middle-earth sich keiner geringeren Vorlage bedient als der christlichen Bibel, vermischt mit den angesprochenen Texten der nordischen Überlieferungen sowie Teilen angelsächsischer Kultur, zusammengefasst in *The Silmarillion*, dessen Episoden in *The Lord of the Rings* immer wieder in Liedern und Erzählungen eingebaut werden.

2.6 Zusammenfassung

Tolkien hatte stets vorgehabt, *The Silmarillion* und *The Lord of the Rings* gemeinsam zu veröffentlichen, doch es gelang ihm nicht, obwohl er von der Wichtigkeit dieser Maßnahme fest überzeugt war:

> **Sein Schatten [der des *The Silmarillion*] lag tief auf den späteren Teilen des *Hobbit*. *Der Herr der Ringe* ist darin verfangen, so dass er dazu einfach die Fortsetzung und der Abschluss geworden ist und nur mit Hilfe des *Silmarillion* völlig verständlich ist – ohne eine Menge Verweise und Erklärungen, mit denen er an ein oder zwei Stellen überlastet ist. (Carpenter)**

In Tolkiens ursprünglicher Absicht, noch bevor der erste Satz des *The Lord of the Rings* je geschrieben wurde, lag,

> eine Sammlung von mehr oder weniger zusammenhängenden Sagen zu schaffen, die von den großen kosmogonischen bis hin zum romantischen Märchen reichen sollten –, ein Werk, das ich einfach meinem Lande, England, widmen könnte. [...] Die Zyklen sollten zu einem majestätischen Ganzen verbunden sein und doch für andere Geister und Hände Raum lassen, die Farbe, Musik und Bewegung hinzutun. Absurd! (Carpenter)

Obwohl sich die Herkunft vieler Episoden und Kreationen in *The Lord of the Rings* und *The Silmarillion* wie aufgezeigt auf alte Sagen und Mythen zurückverfolgen lässt, spielt es letztendlich keine entscheidende Rolle bei der Beurteilung der daraus entstandenen Middle-earth-Mythologie, welche Form der Überlieferung Tolkien am meisten beeinflusst hat und welche Form den größten Anteil an seinen Werken besitzt. Allein von Bedeutung ist das Erkennen und die Bewertung der durch Mythen und Religion geformten Symbolik, welche die Welt von Middle-earth und somit auch *The Lord of the Rings* durchströmt.

> Tolkien plunges into the sacrality of the natural; he delves into basic human emotions and a symbolic structure that is so widely distributed over cultural boundaries that it can be called fundamentally human symbolism. The stories evoke participation in a secular religion – that is, a religion in which all is sacred because all things, even the most natural, are related to one another and to a founding transcendence. (Dowie)

> Tolkien verkündet die Heiligkeit der Natur; er taucht ein in die Tiefen der menschlichen Gefühlswelt und erforscht eine symbolische Struktur, die so weit über kulturelle Grenzen hinweg verteilt ist, dass sie ein fundamentaler menschlicher Symbolismus genannt werden darf. Seine Erzählungen lassen den Leser an einer säkularen Religion teilhaben – einer Religion, der alles heilig ist, da alle Dinge, auch die einfachsten und natürlichsten, sowohl zueinander in Beziehung stehen als auch zu einer zugrundeliegenden Transzendenz.

Die genaue Natur und Wirkung von Tolkiens Symbolik wird im nächsten Kapitel eingehend untersucht werden, doch ist es für das Verständnis dieser Arbeit zweifellos notwendig, die Inspirationen und Intentionen des Autors anhand seiner Quellen nachvollziehen zu können.[11]

Dabei ist es aufschlussreich, sich vor Augen zu führen, dass für zahlreiche Generationen des Mittelalters, welches im Hinblick auf Gesellschaft, Politik und Entwicklung nahezu jedem *Fantasy*-Roman als Vorbild dient, die Welt der Mythen, der Geister und Fabelwesen, der Heroen und epischen Gedichte eine durchaus reale Seite besaß, die den Aberglauben und Alltag der Menschen über Jahrhunderte beeinflusste. Aus diesen Überzeugungen heraus wuchsen erst die Legenden, denen in der heutigen, vorwiegend materiell und nicht länger spirituell orientierten Gesellschaft zumeist der Wahrheitsgehalt und damit die Relevanz abgesprochen wird.

Durch die Berücksichtigung, dass in den alten Mythen, Legenden und Sagen, die in der Vergangenheit durchaus ernst genommen wurden, eine tiefe menschliche Sehnsucht nach Erklärung und Verständnis für die eigene Umwelt verborgen liegt, erklärt sich eine aktuelle Notwendigkeit im menschlichen Leben, auf Altes zurückzugreifen, um Neues daraus entstehen zu lassen, wie Tolkien es getan hat. Tolkien verzichtet dabei auf eine rein christliche oder rein sagenhafte Interpretation der Welt und bedient sich frei aus all den ihm zusagenden Quellen der Vergangenheit, die dadurch auch eine breit gefächerte Leserschaft ansprechen. Auch andere Autoren der *Fantasy* wie Alan Garner haben sich zum Wert der Mythologisierung geäußert:

> **I need some kind of crutch, some kind of framework, I suspect. My most reputable reason for doing it is that myth is not an attempt to entertain, it is an attempt to explain something. Originally people did not sit around and cook up fairy stories to get through the long winter evenings. They were trying to come to terms with their environment, so you find that over the millenia [sic] myth contains crystallized human experience and very powerful imaginary. This imaginary is useful for a writer if he uses it responsibly. It can work against him if he does not use it properly, but if he uses it correctly then he has very powerful cutting tools in his hands which work beneath the surface. (Garner)**

Ich brauche irgendein Hilfsmittel, eine Art Rahmen, nehme ich an. Mein wichtigster Grund dafür ist, dass der Mythos nicht unterhalten, sondern etwas erklären will. Die Menschen früherer Zeiten erfanden keinesfalls Märchen, um sich die langen Winterabende zu vertreiben. Sie versuchten vielmehr, ihre Umwelt zu verstehen. So kommt es, dass im Lauf der Jahrtausende die Mythen die Kernpunkte menschlicher Erfahrung und sehr machtvolle Vorstellungsbilder enthalten. Diese Bilder sind für einen Autor von großem Nutzen, wenn er sie verantwortungsvoll gebraucht. Dieses Hilfsmittel kann sich gegen den Autor wenden, wenn er es nicht richtig gebraucht; doch benutzt er es im richtigen Sinn, so hat er sehr machtvolle Schneidewerkzeuge zur Hand, die ihn tief unter die Oberfläche dringen lassen.

Doch es besteht ein entscheidender Unterschied zwischen Tolkien und anderen Autoren von *Fiction*, wie Alan Garner beispielsweise, die sich ebenfalls bei alten Mythologien bedienen, um ihren Geschichten Substanz zu geben. Natürlich steht wie bei dem meisten Schriftstellern auch bei Tolkien die Literaturrezeption vor der Produktion eines Textes; gerade Tolkien war womöglich aufgrund seiner akademischen Laufbahn und Liebe zur Sprache belesener als viele seiner Zeitgenossen, doch zeichnet Tolkien aus, dass er den Erzeugnissen von

Autoren der Vergangenheit auf einer unterschiedlichen Ebene begegnet. Es geht ihm weniger um die Umwandlung literarischer Texte in eine aktuelle und zeitlich angemessene Form, sei es Struktur oder Inhalt, als vielmehr um eine vollkommene Neuschöpfung, die sich seiner Meinung nach relevanten und traditionellen Grundmustern bedient. So erweist sie in ihrer neuen Gestalt den alten Vorlagen Respekt und ist in erster Linie den Texten zuliebe geschrieben und nicht den Erwartungen der Leser angepasst.

Selbst dort, wo man sich auf alte Texte besinnt, ist meist das Bemühen um Anverwandlung der alten Muster auf die moderne Situation sehr deutlich: wenn Tolkiens Zeitgenossen James Joyce, T. S. Eliot oder Eugene O'Neill sich von alten Mythen oder Mythensagen anregen lassen, so zu dem Versuch, ihre Relevanz für den Menschen des 20. Jahrhunderts experimentell zu untersuchen. Selbst T. H. White macht, bei aller Liebe zur magischen Welt der Artus-Epik, die Figuren seiner Neufassung des Morte d'Arthur, *The Once and Future King* (1938-58) zu modernen, psychologisch interessanten Menschen und gewinnt so ironischen Abstand zu seiner Vorlage. Just dieser ironische Abstand ist es, auf den Tolkien bei der Behandlung der alten Stoffe verzichtet. Nicht Umgestaltung des traditionellen Materials hat er im Sinn, als er um 1917 Pläne zu realisieren beginnt, die schließlich zu dem Buch *The Silmarillion* führen sollten, sondern Neuschöpfung nach alten Mustern. (Petzold)

Es geht also nicht um den rein mimetischen Vorgang im aristotelischen Sinne, aus der menschlichen Natur heraus Altes zu imitieren, sondern darum, das Gewöhnliche oder Bekannte in einem geeigneten Konstrukt, wie einer *Fantasy*-Sekundärwelt, in einer neuen und erhöhten Bedeutung erscheinen zu lassen, um so Erkenntnisse über sich selbst und die eigene Umwelt zurückzugewinnen, die womöglich im Laufe der Zeit verloren gegangen sind.

C. S. Lewis wird folgendermaßen zitiert, dass der Wert des Mythos sei „that it takes all the things we know and restores to them the rich significance which has been hidden by the veil of familiarity" [dass er all die uns bekannten Dinge ergreift und sie in ihrer reichhaltigen Kraft wiederherstellt, die hinter dem Schleier der Vertrautheit verborgen waren] (Purtill).

Dasselbe gilt für Tolkiens Behandlung und Transformation von Mythologie, wobei nach wie vor bei vielen Parallelen zu alten Mythologien in Tolkiens Middle-earth unklar ist, was vom Autor klar beabsichtigt und was sich unbewusst aufgrund seines akademischen Wissens in die Geschichten einschlich.

Und geheimnisvoll ist es, zuzusehen, wie im Phänomen der Nachfolge Willentliches sich mit Führung vermischt, so dass ununterscheidbar wird, wer eigentlich nachahmt und es auf die Wiederholung des Vorgelebten anlegt: die Person oder das Schicksal. [...] Denn wir wandeln in Spuren, und alles Leben ist Ausfüllung mit mythischer Gegenwart. (Thomas Mann)

Doch wie auch immer Tolkiens Art der Nachahmung einzustufen ist, entscheidend bleibt, dass das Vorhandensein von mythischer Substanz gerade in Anbetracht der mythischen Historizität der Sekundärwelt von Middle-earth eine enorme Rolle spielt, wenn es um die Symbolkraft der Welt geht.

Aber auch Tolkiens Vokabular und Sprachfertigkeit sind von großer Bedeutung. Durch den geschickten und bewusst unkonventionellen Sprachgebrauch alter und neugeformter Wörter erzielt Tolkien den Effekt, dass Leser die unbewusste Vertrautheit mit den Wurzeln ihrer eigenen Sprache benutzen, um sich in Middle-earth zurecht zu finden und sich dadurch zugleich emotional geborgen und intellektuell gefordert zu fühlen.

Tolkien used word-play in promoting the idea that *The Lord of the Rings* describes an age dimly remembered in historical vocabularies. This helps to arouse the reader's interest when words from historical contexts are used. For example, he used the Old English words *ent* and *orc* for highly specific types of creature, which he suggests were only vaguely or inaccurately remembered in Old English mythology. Tolkien often gave historical words a misleading meaning for the sake of a pun. For example, he made the „Cracks of Doom" (traditionally meaning the signal for the Day of Judgement) into a physical landmark – fissures in the interior of Mount Doom, where, as it happens, a type of day of judgement took place. (Noel)

Tolkien benutzt Wortspiele, um der Behauptung Nachdruck zu verleihen, *The Lord of the Rings* würde ein Zeitalter beschreiben, an das es keine weitere Erinnerung mehr gibt als einige nahezu vergessene Bedeutungen alter Wörter. Dadurch wird das Interesse des Lesers wachgerufen, wenn Wörter mit historischem Kontext benutzt werden. Er benutzt beispielsweise die Wörter *ent* und *orc* aus dem Old English für genau definierte Geschöpfe, wobei er vorgibt, diese Wesen wären in der altenglischen Mythologie nur noch ungenau wiedergegeben worden. Tolkien gab historischen Wörtern oft auch des Scherzes halber eine irreführende Bedeutung. Beispielsweise machte er aus den „Cracks of Doom" (die ursprünglich die Donnerschläge bedeuten, mit denen das Jüngste Gericht eingeleitet wird) zu einem geographischen Begriff – Spalten im Innern des Mount Doom, wo sich dann tatsächlich eine Art Jüngstes Gericht zuträgt.

Weitere Beispiele für diesen Gebrauch alter, nahezu vergessener Wörter ziehen sich wie ein roter Faden durch *The Lord of the Rings*, stets die Eigenschaften des Beschriebenen in Middle-earth mit der altenglischen oder nordisch-mythologischen Bedeutung verknüpfend. Dies bezieht sich in erster Linie auf die geographischen Begebenheiten der Sekundärwelt Middle-earth wie aber auch auf Namen und Charaktere. Diese sehr aufwendige Methodik steigert in gewisser Weise die mythische Bedeutsamkeit des literarischen Kontexts und erzeugt zugleich linguistisches Interesse beim Leser, doch diente es wahrscheinlich in erster Konsequenz dem eigenen Vergnügen des Autors am kreativen Gebrauch von Sprache.

Zu diesem Punkt möchte ich auf der folgenden Seite kurz auf die neue deutsche Übersetzung des *The Lord of the Rings* eingehen, die im Jahr 2000 landesweit die alte Fassung abgelöst hat, doch meiner Meinung nach aufgrund der eben erläuterten Thematik ihre Wirkung in eine zweifelhafte Richtung entwickelt. In der *Tolkien Times*, herausgegeben vom Klett-Cotta Verlag, der die deutschen Rechte an Tolkiens Büchern besitzt, wird neben einem Kommentar des Übersetzers Wolfgang Krege auch eine Szene in Bree angeboten, die neue und alte Übersetzung einander gegenüberstellt.

Hier ist ein deutlicher Aktualisierungsvorgang der Sprache zu erkennen, welcher den Text dem modernen Deutsch anpasst, doch dadurch Tolkiens intentionale Altertümlichkeit der Sprache und deren besonderen Effekt völlig missachtet. Folgende Beispiele sollten dafür reichen, diese Problematik zu veranschaulichen, wobei die gravierenden Unterschiede kursiv hervorgehoben sind:

Originalfassung *(FR,* 208-209):

1. Where are you, you wooly-footed *slow-coach*?
2. A *cheery*-looking hobbit bobbed out of a door...
3. But we've got a room or two in the north wing that were made special for hobbits, *when this place was built.*
4. Here is a nice little *parlour.*
5. If he don't come, *ring and shout.*

Alte Übersetzung *(Tolkien Times)*:

1. Wo steckst du denn, du wollfüßiges *Faultier?*
2. Ein *vergnügt* aussehender Hobbit schoß aus einer Tür heraus...
3. Aber wir haben ein paar Zimmer im Nordflügel, die eigens für Hobbits vorgesehen wurden, *als dieses Haus gebaut wurde.*
4. Hier ist eine nette kleine *Gaststube.*
5. Wenn er nicht kommt, *läutet und ruft.*

Neue Übersetzung *(Tolkien Times)*:

1. Wo steckst du, Nob, du flaumfüßiger *Penner?*
2. Ein *aufgeweckt* aussehender Hobbit kam aus einer Tür hervorgeschossen...
3. Aber im Nordflügel haben wir ein paar Zimmer, die wurden speziell für Hobbits angelegt, *als dieser Laden hier gebaut wurde.*
4. Hier haben wir ein nettes kleines *Klubzimmer.*
5. Wenn er nicht kommt, *nochmal lauter bimmeln und brüllen.*

Sicherlich handelt es sich hier nur um Kleinigkeiten, die umgewandelt wurden, doch offenbart sich bereits in diesen wenigen Passagen eine mehr oder weniger unterschwellige Anlehnung an den modernen deutschen Sprachgebrauch, und wenngleich die Hobbits sich von allen Völkern in Middle-earth noch am ehesten zeitgemäß verständigen, läuft eine zu neuzeitliche Übersetzung von Tolkiens sorgfältig ausgewählter Prosa Gefahr, den Zauber dieser fernen Welt zu zerbrechen, indem die Sprache *zu* gewöhnlich wird.

3. The Lord of the Rings

„*Journey to the Cross-roads*" *(TT, 379)*

„*Wanderung zum Scheideweg*" *(HR, 702)*

3.1 Subcreation und Sekundärwelt

Der Begriff *Sekundärwelt* bedeutet nicht, dass in der *Fantasy* literarisch eine zweitklassige Welt erschaffen wird, in der die Protagonisten ihre Abenteuer erleben, sondern dass der Autor sich die Freiheit nimmt, die physischen und psychischen Grenzen unserer Welt derart zu verändern, so dass beim Rezipienten der Eindruck entsteht, während des Lesens in eine vollkommen neuartige Welt vorzustoßen, die faszinierend fremdartig, aber zugleich unheimlicherweise vertraut wirkt. Dieser Widerspruch wird durch die andersartige Sekundärwelt erzeugt und gleichzeitig durch deren Symbolik beseitigt. Allein das Talent des Autors entscheidet bei diesem kreativen Schreibprozess, wie sehr der Leser sich auf die widersprüchliche Natur der *Fantasy* einlassen kann und inwieweit sich somit das literarische Erzeugnis seine Berechtigung erfährt, in welchem Maße also die Symbolik der *Subcreation*, wie Tolkien die literarische Neuschöpfung einer Sekundärwelt nennt, ihre Kraft entfalten kann.

Die physische Welt der Fantasy mag zwar fiktiv sein, aber der psychologische Aspekt ist sehr wohl real und dadurch auch nachvollziehbar. Fantasy ist gleichsam eine Art literarisches Vehikel für die Darstellung einer Reise ins Unterbewusstsein, für die innere Entwicklung der jeweiligen Hauptfigur. Dies geschieht mit Hilfe der Symbolik. Sie steht damit im Gegensatz zur realistischen Literatur, die versucht, die Wirklichkeit mimetisch wiederzugeben. (Nester)

Die Symbolik ist folglich ein bedeutender Faktor, um der Sekundärwelt eine Akzeptanz und Relevanz zu geben, die den Leser motiviert, sich über die Grenzen des Geschriebenen hinaus zu bewegen und in die Welt des Unterbewussten einzutauchen, sei es das

Unterbewusste der fiktiven Charaktere oder das eigene. Aus diesem Grund wird in diesem Kapitel Tolkiens Symbolik an repräsentativen Beispielen untersucht und erläutert, denn nur aus ihr heraus gewinnt *The Lord of the Rings* seine Wirkung, seine Identifikationsmöglichkeit, seine Bedeutsamkeit und seinen ungebrochenen Zauber. Die vielschichtige Symbolkraft Middle-earths erzeugt nicht nur ein tieferes Verständnis für die gewaltige *Subcreation* Tolkiens, sondern ebnet den Weg zu einer literarischen Tradition, die in Kapitel 4 und 5 weiter verfolgt werden wird: der Selbstfindung des Lesers durch die symbolische Rückführung auf eine naturbezogene Ursprünglichkeit der eigenen Menschlichkeit: Carl Gustav Jung sagte einmal:

Die Seele ist sich selber die einzige und unmittelbare Erfahrung der subjektiven Wirklichkeit überhaupt. Sie schafft Symbole, deren Grundlage der unbewusste Archetypus ist und deren erscheinende Gestalt aus den Vorstellungen, die das Bewusstsein erworben hat, hervorgeht. Die *Archetypen* sind numinöse Strukturelemente der Psyche und besitzen eine gewisse Selbständigkeit und spezifische Energie, kraft welcher sie die ihnen passenden Inhalte des Bewusstseins anzuziehen vermögen. Das Unbewusste liefert sozusagen die archetypische Form, die an sich leer und unvorstellbar ist. Vom Bewusstsein her wird sie sofort durch verwandtes oder ähnliches Vorstellungsmaterial aufgefüllt und wahrnehmbar gemacht." Symbole sind Gleichnisse des Unvergänglichen in Erscheinungsform der Vergänglichkeit. Nur dem Symbol gelingt es, das Verschiedene zu einem einheitlichen Gesamteindruck zu verbinden. Bis in die geheimsten Tiefen der Seele treibt das Symbol seine Wurzeln. (Tietze)

So zeigt sich, dass in der Neuschöpfung einer fiktiven Welt eine ursprüngliche oder auch zeitgenössisch vorhandene Symbolik, die auf entsprechende Archetypen zurückgreift, von elementarer Bedeutung ist, wenn es um das Verständnis der Sekundärwelt wie auch der gesamten Handlung und möglichen Aussage von *The Lord of the Rings* geht.

Bezogen auf die *Fantasy* wird heutzutage generell der Begriff der *Primärwelt* für die derzeitige Wirklichkeit und der *Sekundärwelt* für die Neuschöpfung verwendet. „Beide Ausdrücke haben sich seit Tolkiens einflussreichem Aufsatz *On Fairy Stories*[12] in der *Fantasy*-Kritik eingebürgert" (Tschirner) und werden somit auch in dieser Arbeit entsprechend angwandt. Tolkien bedient sich in diesem Aufsatz aus dem Jahre 1939 in seiner Beschreibung von Sekundärwelten auch bei dem Begriff der *Zweitschöpfung*, welchen er generell auf nahezu jede Kunstform überträgt. Wichtig bei der literarischen Kunstform ist jedoch das nach wie vor bestehende Verhältnis zwischen Wirklichkeit und Imagination, denn „die schöpferische Phantasie gründet in der strengen Erkenntnis, dass die Dinge auf dieser Welt so sind, wie sie im Licht der Sonne erscheinen; sie gründet im Anerkennen des Tatsächlichen, doch nicht in der Versklavung durch dasselbe" (Tolkien).

Dies ist, wie Tolkien anführt, auf die Werke von Lewis Caroll ebenso anzuwenden, wie auf seine eigenen. Die phantastische Sekundärwelt Muss demzufolge eine nachvollziehbare Verbindung zur bekannten Realität besitzen, durch die sie überhaupt erst nachvollzogen und verstanden werden kann.

Eine fiktive Welt, bevölkert mit den absonderlichsten Kreaturen und mit keinerlei offensichtlichem Bezug zur Wirklichkeit würde für den Leser nicht nur Verstörung sondern wahrscheinlich auch innere Ablehnung bedeuten, und weder Symbolik noch mögliche Botschaft würden auf fruchtbaren Boden stoßen. In gewisser Weise ist die phantastische Welt von Middle-earth nicht viel anders als unsere eigene, unerschöpflich an Dingen, die wir nicht verstehen, und doch wiederum vertraut und heimelig zugleich, da wir uns immer wieder darin wiederfinden und erkennen.

How can we contrive to be at once astonished at the world and yet at home in it? How can this world at once give us the fascination of a strange town and the comfort and honour of being our own town? [...] We need this life of practical romance; the combination of something that is strange with something that is secure. We need to view the world as to combine an idea of wonder and an idea of welcome. We need to be happy in this wonderland without once being merely comfortable. (Chesterton)

Wie können wir uns einerseits von der Welt erstaunen lassen und uns andererseits in ihr zu Hause fühlen? Wie kann uns diese Welt sowohl die Faszination einer fremden Stadt als auch die Behaglichkeit und die Ehre, unsere eigene Stadt zu sein, vermitteln? [...] Wir brauchen dieses Leben praktischer Romantik; diese Verbindung von etwas Fremden mit etwas Vertrautem. Wir müssen diese Welt als eine Vorstellung des Wundersamen und des Anheimelnden sehen. Wir müssen in diesem Wunderland glücklich sein, ohne dass es irgendwann einfach nur altbekannt und bequem wird.

Die Parallelen oder Ähnlichkeiten zwischen Realität und Zweitschöpfung können verschiedenster Art sein, seien sie begründet in sozial-politischen Strukturen, religiösen Elementen, geographischen Begebenheiten oder schlichtweg in humorvollen und liebenswürdigen Charakteren wie den Hobbits bei Tolkien, die trotz ihrer Andersartigkeit menschliche Wesenszüge reflektieren und somit als Spiegel der Seele für den Leser funktionieren. Wesentlichster Unterschied indes ist der Gebrauch von Magie in der Zweitwelt, welche zumeist als Gegenentwurf zu moderner Technologie wirkt und deren Gebrauch allgemein in einem System verbaler Symbole erklärt wird, „was sie in Analogie zur Entstehung der gesamten Sekundärwelt, deren Realität ja auch sprachlich begründet ist" (Tschirner) setzt. Die Magie wird, in unserer Welt nicht funktionierend, als fester Bestandteil in die *Fantasy*-Welt integriert, sowohl als Naturkraft wie auch als erlernbare Kunst existierend.

Dies erklärt auch, warum der überwiegende Großteil aller *Fantasy*-Sekundärwelten in einer Zeit angesiedelt sind, die entweder vor und weit nach unserer heutigen, industriellen Technologiegesellschaft besteht, wie bei LeGuin, Donaldson und vielen anderen (siehe Kapitel 4.5). Nur durch den Wegfall moderner Technik erlaubt es die Neuschöpfung, die Natur oder das magische Individuum aufzuwerten und diesen Bestandteilen somit eine besondere Symbolkraft zu verleihen, die sie ansonsten nicht besäßen.

Tradition und Ansichten bezüglich Sekundärwelten finden sich ausführlich bei Randel Helms und Ann Swinfen, doch eine der wesentlichsten Aussagen dieser Analysen ist, dass dem Autor von *Fantasy* durch die Verwendung einer Sekundärwelt die Möglichkeit geboten wird, seine Handlung, seine Symbolik, seine Botschaft (sofern er denn eine zu vermitteln hat) an einem absoluten Nullpunkt zu beginnen.

Alles, was der Autor ersinnt, ist innerhalb der Grenzen dieser Welt als wahr zu verstehen; seine schöpferische Freiheit ist anfangs unbegrenzt. Ein dadurch entstehendes Problem ist natürlich, dass allegorische Interpretationen der Symbolik immer wieder auftauchen werden, wenn es um das Verständnis des Textes geht. Sich dieser Gefahr bewusst, erklärt Tolkien im Vorwort zu *The Lord of the Rings* ausdrücklich, dass er jegliche Art von Allegorie verabscheut und bekräftigt wiederholt, dass sein Buch keinerlei bewusste Allegorien zur zeitgenössischen Wirklichkeit aufweist.

Dabei führt er einen wichtigen Punkt an, auf den es gerade beim Lesen von *Fantasy*-Literatur ankommt:

> I think that many confuse ,applicability' with ,allegory'; but the one resides in the freedom of the reader, and the other in the purposed domination of the author. An author cannot of course remain wholly unaffected by his experience, but the ways in which a story-germ uses the soil of experience are extremely complex, and attempts to define the process are at best guesses from evidence that is inadequate and ambiguous. *(FR,* 12)

> Ich glaube, viele Leute verwechseln „Anwendbarkeit" mit „Allegorie"; aber die eine ist der Freiheit des Lesers überlassen, die andere wird ihm von der Absicht des Verfassers aufgezwungen. Ein Verfasser kann natürlich nicht völlig unbeeinflusst bleiben von seiner Erfahrung, aber die Art und Weise, wie der Keim einer Darstellung aus dem Boden der Erfahrung Nutzen zieht ist äußerst verwickelt, und Versuche, diesen Vorgang zu beschreiben, sind bestenfalls Mutmaßungen aufgrund unzulänglicher und mehrdeutiger Nachweise. *(HR,* 13)

Tolkien umgeht das Problem der Allegorie geschickt, indem er sich wiederholt als Historiker bezeichnet, der Middle-earth selbst Stück für Stück entdeckt, dabei auf alte Quellen wie das Red Book der Hobbits zurückgreifend. Interessant ist in diesem Fall das einleitende Kapitel „Note On Shire Records" *(FR,* 34-36) [„Anmerkungen zu den Aufzeichnungen im Auenland" *(HR,* 30)], in welchem nicht nur die Hobbitüberlieferungen und literarischen Quellen genannt werden, sondern in dem auch in Ansätzen bereits das Ende von *The Lord of the Rings* vorweg genommen wird. Diese Methodik wiederum schärft das Verständnis von Tolkiens historischer Betrachtungsweise seiner eigenen Schöpfung Middle-earth, die durch *The Lord of the Rings* ihren Höhepunkt erreicht hat. Seine ernsthafte Umgangsweise mit der eigenen Mythologie, die sein Werk begleitet, schlägt sich in seiner Art nieder, diesem recht langen Buch einfach im Prolog wichtige Teile des Ausgangs vorweg zu nehmen, und den Ausgang somit in seiner Bedeutung abzuschwächen.

Darüber hinaus scheint es dem Autor um die Homogenität seiner Geschichte zu gehen, die in das historische Gefüge seiner Sekundärwelt zu passen hat. Wie auch *The Silmarillion* in Form und Inhalt an eine Ansammlung alter Überlieferungen erinnert, so behandelt Tolkien durch seinen Prolog *The Lord of the Rings* als historische Gegebenheit, als Teil der gewaltigen Historie, die schließlich im Appendix, den Anhängen zu *The Lord of the Rings*, ihr Ende mit der Beschreibung des Beginns des Vierten Zeitalters findet.

3.2 Die künstliche Historizität und deren mythische Wirkung

Die Welt von Middle-earth erfährt eine tiefe Historizität, indem durch den Gebrauch bestimmter sprachlicher und inhaltlicher Stilelemente etwas erzeugt wird, das Ruth Noel als „two levels of myth in *The Lord of the Rings*" (Noel) [zwei Ebenen des Mythos in *The Lord of the Rings*] bezeichnet; das Buch ist zum einen an alte, teilweise bekannte Mythologien angelehnt, zum anderen präsentiert es die ganz eigenen Mythen der verschiedenen Völker und Gegenden in Middle-earth. Dadurch wird dem Leser eine enorme und ausführliche Historie der künstlichen Sekundärwelt suggeriert, die sich nach und nach in unterschiedlicher Intensität offenbart. Diesen Vorgang erklärt Randel Helms dadurch, dass Tolkien „bei der Erschaffung seines mythologischen Reiches etwas ganz Neues und dabei doch ganz Altes erfahren [hatte]: dass eine lebendige Mythologie unseren Blick für die Wirklichkeit eher vertiefen als umnebeln kann" (Helms).

Wie bereits erwähnt, schuf Tolkien mit *The Silmarillion* in Auszügen eine viele Jahrhunderte umfassende Entstehungsgeschichte seiner imaginären Welt, doch wurde *The Lord of the Rings* 1954/1955 veröffentlicht, *The Silmarillion* allerdings erst 1977, vier Jahre nach dem Tod J. R. R. Tolkiens. Somit waren die Leser bis 1977 einzig auf die Anspielungen, Lieder und Geschichten aus *The Lord of the Rings* angewiesen, um sich über die existierende Historie von Middle-earth zu informieren. Dies hatte mit Sicherheit Einfluss auf die Konstruktion von *The Lord of the Rings*, denn eine gleichzeitige Veröffentlichung von *The Silmarillion* hätte in *The Lord of the Rings* viele auf die Vergangenheit bezogene Erklärungen überflüssig werden lassen.

Jedoch ist es wenig fruchtbar, diese hypothetische Analyse weiter zu verfolgen, denn die Bücher existieren nun einmal nur in einer einzigen Form, und an dieser gilt es sich zu orientieren, um zu erkennen, wie es Tolkien gelang, seiner Welt und damit vor allem *The Lord of the Rings* eine künstliche Historizität zu verschaffen, welche die Akzeptanz der Sekundärwelt seitens des Rezipienten in extremem Maße positiv beeinflusst. Dieter Petzold meint hierzu:

Ja es ist sogar zu vermuten, dass *The Lord of the Rings* den Leser mehr fasziniert, der *The Silmarillion* noch nicht kennt. Die historische Tiefe, die Tolkien durch die Erfindung der drei Zeitalter schuf, wirkt in *The Lord of the Rings* um so stärker, als manches der Vorgeschichte im Dunkeln bleibt bzw. in einen Anhang verbannt ist; das Uralte ist dadurch mit einer Aura des Dunklen, Geheimnisvollen umgeben und in den Hintergrund gedrängt, wodurch die Handlung im Vordergrund umso plastischer hervortritt. (Petzold)

Was Tolkiens hier angesprochene historische Untermalung von *The Lord of the Rings* auszeichnet, ist die permanente Erinnerung an vergangene Zeiten im Ablauf der Handlung und der individuelle Umgang mit der eigenen wie auch der allgemeinen Historie seitens der verschiedenen Völker und Kreaturen in Middle-earth. So stimmt es durchaus, wenn C. S. Lewis sagt, dass „in the Tolkienian world you can hardly put your foot down anywhwere from Esgaroth to Forlindon or between Ered Mithrin and Khand, without stirring the dust of history" (Lewis) [man in der Welt Tolkiens nirgendwo zwischen Esgaroth und Forlindon oder zwischen Ered Mithrin und Khand einen Fuß auf die Erde setzen kann, ohne den Staub der Geschichte aufzuwirbeln].

Tolkien lässt den unwissenden Leser die Welt aus den Augen der ebenfalls unwissenden Hobbits Frodo, Sam, Merry oder Pippin sehen und enttarnt so die Geschichte der Welt samt historischen Beweggründen für die Queste des Rings den Protagonisten zur gleichen Zeit wie dem Leser. Hierbei verwendet Tolkien stets neue Methoden. Zum einen gibt es die mündliche Erklärung von den Weisen wie Gandalf, wenn er Frodo über Sauron, den Dunklen Herrscher, und die Natur des Einen Rings aufklärt, oder aber auf dem Weg nach Rivendell, als Gildor und die anderen Elben durch ihre Gesänge den Hobbits von alten Zeiten künden. Immer wieder tauchen solche Begegnungen und Rückblicke in die Vergangenheit auf. Vor allem Elronds Haus in Rivendell symbolisiert wie kein anderer Ort die von Tolkien beabsichtigte Reflexion über das, was er in *The Silmarillion* so bibelartig festgehalten hat. Im Kapitel „The Council of Elrond" *(FR,* 313-355) [„Der Rat von Elrond" *(HR,* 249-281)] erfahren der Leser wie auch die staunenden Hobbits aus den Liedern und Überlieferungen der Versammelten die wesentlichsten Grundzüge der Entstehungsgeschichte des Ringes, den es nun zu vernichten gilt, um so Saurons Macht zu brechen.

Tolkien selber nennt Elronds Haus, welches symbolhaft für alle kommenden Erläuterungen über die Vergangenheit steht „keinen Schauplatz der Handlung, sondern der Reflexion. Daher wird es auf dem Wege zu einer Tat oder einem „Abenteuer" immer besucht" (Carpenter). Hier wird die Brücke zur Vergangenheit geschlagen, aus deren Fehlern und Vorbildern es zu lernen gilt, sollen geplante Taten in der Zukunft Erfolg haben:

> ‚I beheld the last combat on the slopes of Orodruin, where Gil-galad died, and Elendil fell, and Narsil broke beneath him; but Sauron himself was overthrown, and Isildur cut the ring from his hand with the hilt-shard of his father's sword, and took it for his own.' [...]
> ‚Alas! yes,' said Elrond. ‚Isildur took it, as should not have been. It should have been cast then into Ordodruin's fire nigh at hand where it was made." *(FR,* 318-319)

> ‚Ich sah den letzten Kampf auf den Hängen des Orodruin, wo Gilgalad starb und Elendil fiel und Narsil unter ihm zerbrach; doch Sauron wurde überwältigt, und Isildur schnitt den Ring von seiner Hand mit dem geborstenen Heft vom Schwert seines Vaters und nahm ihn für sich.' [...]
> ‚Ja, leider,' sagte Elrond. ‚Isildur nahm ihn, was nicht hätte sein dürfen. Er hätte damals in das Feuer des nahegelegenen Orodruin geworfen werden sollen, wo er gemacht worden war.' *(HR,* 253)

Anhand solcher Auszüge zeigt sich deutlich, wie Tolkien darauf bedacht ist, seiner fiktiven Gegenwart eine Relevanz durch die Vergangenheit zu geben. Der Ring hätte von Aragorns Vorfahren vernichtet werden müssen, und allein aus diesem tragischen Auslassen der Pflicht steht nun das gesamte Überleben der freien Völker von Middle-earth auf dem Spiel. So wird die Vergangenheit genutzt, um für die Zukunft zu lernen: das Schwert Narsil wird als Symbol für das Erbe Aragorns neu geschmiedet, die Hobbits rufen die alten, heiligen Namen der Elben in Zeiten der Not, die Armee der Toten wird aus ihrem jahrhundertlangen Fluch erlöst, um ihre Sünden vergeben zu bekommen, und jedes Volk, welchem die Hobbits auf ihrem Weg nach Mordor begegnen, durchlebt einen individuellen Prozess, um zu verstehen, dass die ruhmreiche und zauberhafte Vergangenheit nicht zu konservieren ist, sondern dass sich die Welt ständig verändert.

Dabei wird das einst Gewesene in *The Lord of the Rings* mit wenigen Ausnahmen als prachtvoller, reiner, magischer, glorreicher beschrieben. So sind beispielsweise die alten Waffen aus Númenor unübertroffen oder die Höhlen in Moria und die Befestigungsanlagen von Minas Tirith gleichen in ihrer Bauart einem Wunder, zu welchem die Menschen und Zwerge des Dritten Zeitalters nicht mehr fähig sind.

Verfall einst großartiger Bauwerke in *The Lord of the Rings* zeigt sich überall, sei es durch Dekadenz und den Lauf der Zeit wie in Gondor oder aber Perversion des Ursprünglichen wie in Mordor, Minas Morgul oder dem Orthanc.

Doch die künstlich erschaffene Historizität der fiktiven Sekundärwelt dient nicht nur der Darstellung von Tolkiens mythologischem Hintergrund, sondern beeinflusst in extremem Maße das gesamte Geschehen in *The Lord of the Rings*. Somit wird der Umgang der Charaktere mit der Zeit und insbesondere mit der eigenen Vergangenheit zu einem der Schlüsselthemen des Buches. Das Schicksal von Tolkiens Figuren ist deutlich vom individuellen Umgang mit der eigenen und der gesellschaftlichen Vergangenheit gezeichnet. Beispielsweise wollten die Zwerge in *The Lord of the Rings* zurück zur ruhmreichen Vergangenheit, indem sie die verlassenen Minen von Moria wieder besiedelten, dadurch aber erst den Balrog befreiten, der sie schließlich vernichtete.

Die Elben hingegen leben in einem Zustand der Zeitlosigkeit und „befinden sich gleichsam im Stillstand, während sich die anderen, jüngeren Völker laufend weiterentwickeln. Ihr unsterbliches Leben ist auf die Vergangenheit ausgerichtet, für sie gibt es, wie im Verlauf der Erzählung deutlich wird, keine Zukunft mehr in Middle-earth" (Nester). Dies wird indes auch durch die Untergangsatmosphäre in *The Lord of the Rings* veranschaulicht, die jegliche Zukunft des ältesten Volkes in Middle-earth ausschließt. Galadriel beschreibt die Zukunft ihres Volkes der Gemeinschaft gegenüber in Lórien folgendermaßen:

> ‚**Do you not see now wherefore your coming is to us as the footstep of Doom? For if you fail, then we are laid bare to the Enemy. Yet if you succeed, then our power is diminished, and Lothlórien will fade, and the tides of Time will sweep it away. We must depart into the West, or dwindle to a rustic folk of dell and cave, slowly to forget and to be forgotten.'** *(FR*, 473-474)

‚Begreifst du jetzt, warum dein Kommen für uns wie ein Vorbote des Schicksals ist? Denn wenn du scheiterst, dann werden wir dem Feinde offenbart. Doch wenn du Erfolg hast, dann wird unsere Macht gemindert und Lothlórien wird vergehen, und die Fluten der Zeit werden es hinwegspülen. Wir müssen nach dem Westen ziehen oder ein Landvolk der Täler und Höhen werden, das langsam vergisst und vergessen wird.' *(HR,* 373-374)

Im Gegensatz zu den Elben und Zwergen zeigt sich bei den Menschen ein sehr unterschiedlicher Umgang mit Geschichte vor allem in den Gestalten von Boromir, Faramir und deren Vater Denethor, dem Truchsess von Minas Tirith. Während Boromir aus der Geschichte des Rings nicht lernt, diesen für seine eigenen Zwecke benutzen will und daran schließlich zugrunde geht, zeichnet sich Faramir immerhin als lernfähig aus. Obgleich er, von Vorurteilen geprägt, den Elben misstraut, weiß er um die alten Sagen und Mythen und erkennt Aragorn, im Gegensatz zu seinem Vater, ohne Widerstreben als den rechtmäßigen König an, wodurch seinem Land Gondor eine neue Zukunft eröffnet wird.

Richard Mathews sagt hierzu, dass „[o]f the various hierarchies in Tolkien's world, the hierarchy of age and history seems the surest. The oldest things are nearly always the best" [unter den verschiedenen Hierarchien in Tolkiens Welt scheint die Hierarchie des Alters und der Geschichte immer die verlässlichste zu sein. Die ältesten Dingen sind fast immer die besten]. Dies ist aber nur bedingt zutreffend. Sicherlich bleiben die handwerklichen Kunstwerke der Vorzeit in *The Lord of the Rings* unübertroffen, und das Wissen um wahre Schönheit und die Wege der Welt ist vor allem bei den jungen Völkern der Menschen verloren gegangen, doch ist das allein dem Umgang mit der Vergangenheit zuzuschreiben.

In Tolkiens Welt werden die lernfähigen Charaktere belohnt, die ignoranten bestraft. So müssen Saruman oder auch Denethor dafür büßen, ihr Wissen allein zur egoistischen Machtvergrößerung nutzen zu wollen, während die Schüler von Gandalf ein glückliches Ende finden. Obgleich beide Zauberer über ein gewaltiges Wissen verfügen, ist Gandalf derjenige, der dieses Wissen mit Respekt für das Gewesene und Sorge für das Kommende vereinbart, während Saruman einzig seinen Vorteil darin sucht. So stimme ich mit Halle Nester in ihrem Gesamturteil über den Umgang mit Geschichte vollkommen überein:

> **Zusammenfassend lässt sich feststellen, dass sich die positiven Charaktere und Figuren der Erzählung, egal welcher Art von Lebewesen sie angehören, durch ihre Reverenz gegenüber der Geschichte auszeichnen. Dies zeigt sich nicht unbedingt darin, dass ein Wesen über großes geschichtliches Wissen verfügt, sondern vielmehr in der Akzeptanz der Lehren, die aus dieser Geschichte gezogen werden können. (Nester)**

Als letzten Punkt zur Historizität und damit zur Dichte und Glaubhaftigkeit der Sekundärwelt Middle-earth trägt das mythische

Bewusstsein der selber mythologisch angehauchten Protagonisten und Völker in *The Lord of the Rings* bei. Diese reflektive Methodik Tolkiens zeigt sich vor allem in den Reaktionen der Menschen auf ihre Begegnungen mit den andersartigen Völkern und Rassen.

> ‚Halflings!' laughed the rider that stood beside Éomer.
> ‚Halflings! But they are only a little people in old songs and children's tales out of the North. Do we walk in legends or on the green earth in the daylight?"
> ‚A man may do both,' said Aragorn. ‚For not we but those who come after will make the legends of our time. The green earth, say you? That is a mighty matter of legend, though you tread it under the light of day!" *(TT,* 39)

> ‚Halblinge!' lachte der Reiter, der neben Éomer stand.
> ‚Halblinge! Aber das ist doch nur ein kleines Volk in alten Liedern und Kindermärchen aus dem Norden. Leben wir in Sagen oder auf der grünen Erde im Tageslicht?"
> ‚Ein Mensch mag beides tun,' sagte Aragorn. ‚Denn nicht wir, sondern jene, die nach uns kommen, werden die Sagen unserer Zeit erschaffen. Die grüne Erde, sagt Ihr? Das ist ein gewaltiger Sagenstoff, obwohl Ihr bei helllichtem Tage auf ihr wandelt!" *(HR,* 442)

Aragorns Weitsicht als Gebildeter, Weitgereister und ehrfürchtiger Schüler Gandalfs ist offensichtlich, doch schon bald findet er sich in einer umgekehrten Rolle wieder, als er nämlich von Gandalf über die Rettung von Merry und Pippin durch die Ents erfährt:

> ‚The Ents!" exclaimed Aragorn. ‚Then there is truth in the old legends about the dwellers in the deep forests and the giant shepherds of the trees? Are there still Ents in the world? I thought they were only a memory of ancient days, if indeed they were ever more than a legend of Rohan." *(TT,* 125)

> ‚Die Ents!" rief Aragorn. ‚Dann sind die alten Sagen wahr über die Bewohner der tiefen Wälder und die riesenhaften Hirten der Bäume? Gibt es noch Ents auf der Welt? Ich dachte, sie seien nur eine Erinnerung an alte Zeiten, wenn sie überhaupt mehr sind als eine Sage von Rohan." *(HR, 506)*

Hier zeigt sich der entscheidende Unterschied zwischen Ignoranz und Verständnis für die alten Überlieferungen. Aragorn, obwohl überrascht und verwirrt durch die Nachrichten über die Ents, schenkt der Botschaft Glauben und behandelt sie mit Respekt, während der Rohirrim zuvor sich mit arrogantem Unglauben und Ironie über die für ihn überraschende Nachricht äußert. Am besten wird der Lernprozess bezüglich der Geschichte der Welt von Théoden, dem König von Rohan, formuliert; seine Worte mögen sogleich als versteckter Kommentar Tolkiens über die Rezeption von Mythen der Primärwelt, der Literatur der *Fantasy* und des Verlaufs der realen, modernen Geschichte interpretiert werden:

> ‚Ents!' he [Théoden] said at length. ‚Out of the shadows of legend I begin a little to understand the marvel of the trees, I think. I have lived to see strange days. Long we have tended our beasts and our fields, built our houses, wrought our tools, or ridden away to help in the wars of Minas Tirith. And that we called the life of Men, the way of the world. We cared little for what lay beyond the borders of our land. Songs we have that tell of these things, but we are forgetting them, teaching them only to children, as a careless custom. And now the songs have come down among us out of strange places and walk visible under the Sun.' *(TT,* 191)

‚Ents!' sagte er [Théoden] schließlich. ‚Aus den Schatten der Sage beginne ich, das Wunder der Bäume ein wenig zu verstehen. Ich erlebe seltsame Tage. Lange haben wir unsere Tiere versorgt und unsere Felder bestellt, unsere Häuser gebaut, unsere Werkzeuge geschmiedet oder sind hinausgeritten, um Minas Tirith in seinen Kriegen zu unterstützen. Und das nannten wir das Leben der Menschen, den Lauf der Welt. Wenig kümmerten wir uns um das, was jenseits unserer Grenzen lag. Lieder haben wir, die von diesen Dingen berichten, aber wir vergessen sie, nur unsere Kinder lehren wir sie, ein Brauch über den man nicht viel nachdenkt. Und jetzt sind die Lieder aus seltsamen Gegenden zu uns gekommen und wandeln sichtbar unter der Sonne. *(HR,* 557)

Théoden erkennt, dass sein Volk sich der materiellen Seite des Lebens zugewandt hat und all die Geschichten über Vergangenes nun als Kindermärchen abtut, die nicht länger von Bedeutung für die Erwachsenen sind. Als sich diese Märchen plötzlich in Gestalt der Ents vor ihm materialisieren, begreift er, dass doch mehr Wahrheit in den Überlieferungen, den alten Mythen steckt, als er und seine Untertanen zuvor angenommen haben. Ähnlich kann man das Verhältnis zwischen der romantisierten *Fantasy* von Tolkien und der realistisch orientierten Betrachtungsweise des Großteils der westlichen Gesellschaft sehen.

Folglich mag Tolkiens Aussage mit *The Lord of the Rings* unter anderem darin liegen, seinen materialistischen Mitmenschen die Augen für die Wunder und die Bedeutung alter Mythen und Märchen zu öffnen, so wie er es bei Théoden getan hat.

3.3 Die allgegenwärtige Symbolkraft der Natur

Die gewissenhafte Beschreibung der Natur zieht sich auffällig durch die gesamte Handlung von *The Lord of the Rings*. Sei es das erschöpfend genau beschriebene Verlassen des Shire über Hügel und durch Buschwerk, die mühsame Durchquerung des Old Forest, der zeitlose Zauber von Lothlórien, die unheimliche Präsenz der Dead Marshes oder gar das tote Land von Mordor, überall nimmt sich Tolkien Zeit und Musse, die Natur detailliert in all ihren Facetten zu schildern. Dabei verbirgt sich hinter der Natur von Middle-earth ein tiefes moralisches Bewusstsein, welches die zum Teil personifizierte Natur in *The Lord of the Rings* zu einem der eindrucksvollsten Symbole erhöht, das es zu interpretieren gibt.

In allen drei großen Wäldern des *The Lord of the Rings* (Old Forest, Lothlórien, Fangorn) veranschaulichen die zumeist imposanten Bäume das gewaltige Alter der Sekundärwelt, denn durch ihren besonderen Wuchs und ihre lebendige Art stellen sie eine ganz eigene Welt dar, einen beinahe prähistorischen Mikrokosmos, in dem die Zeit ihre Kraft verliert und der infolgedessen von allen jüngeren Völkern gemieden wird, da er für sie unverständlich geworden ist.

Es ist also kein Wunder, dass in Fangorn schließlich ein zum Leben erwachter Baum sich der verirrten Hobbits annimmt und sie in das Wesen von Zeit und Natur einweist. "*Learn now the lore of Living Creatures!*" *(TT*, 78) [„Lerne die Namen der lebenden Wesen!" *(HR,* 472] erwidert Treebeard, das laut Gandalf womöglich älteste Wesen in ganz Middle-earth, als Merry ihn nach seinem Namen und seiner Herkunft fragt. Die erstaunten Hobbits Merry und Pippin erfahren durch ihn, dass sich selbst so alte und mächtige Kreaturen wie die Ents in die natürliche Schöpfung eingliedern und sich nicht aufgrund ihres Wissens oder ihrer physischen Kraft als etwas Überlegenes betrachten.

So bedarf es auch erst der Überzeugung durch die zwei Halblinge, dass durch Sarumans Präsenz den Ents und ihrem Ökosystem die Vernichtung droht, woraufhin das Volk der Baumhirten zur Tat schreitet und schließlich die Befestigungsanlagen von Isengart niederreißt. Die

Natur wehrt sich hier erst im allerletzten Augenblick gegen ihre drohende Vernichtung, obgleich die eigene Zukunft im Angesicht fehlender Aussichten eine traurige zu sein scheint, denn die Entfrauen sind verschwunden und es fehlt somit an Nachwuchs. Treebeards für die gesamte Natur stellvertretender Standpunkt „I don't know about *sides*. I go my own way; but your way may go along with mine for a while" *(TT,* 81) [„Ich weiß nicht über *Seiten* Bescheid. Ich gehe meinen eigenen Weg; aber euer Weg mag eine Zeitlang neben meinem herlaufen. *(HR,* 474)] spiegelt seine Neutralität gegenüber den Machtspielen von Menschen, Elben, Zwergen oder Orks wieder, und so verwundert es auch nicht, dass die Ents den gefangenen Saruman letztendlich freilassen, da er als lebendiges Geschöpf dieselbe Freiheit wie sie verdient, ganz gleich welche Gefahr er noch immer darstellt.

„Now do not tell, Gandalf, that I [Treebeard] promised to keep him [Saruman] safe; for I know it. But things have changed since then. And I kept him until he was safe, safe from doing any more harm. You should know that above all I hate the caging of live things, and that I will not keep even such creatures as these caged beyond great need." *(RK,* 313)

„Nun sagt mir nicht, Gandalf, dass ich [Treebeard] versprochen hatte, ihn [Saruman] in sicherem Gewahrsam zu halten; denn ich weiß es. Aber die Dinge haben sich seitdem geändert. Und ich habe ihn solange hier behalten, bis er ungefährlich war und keinen Schaden mehr anrichten konnte. Ihr solltet wissen, dass ich nichts mehr hasse, als wenn lebende Wesen in Käfige eingesperrt werden, und nicht einmal solche Geschöpfe will ich länger im Käfig halten, als unbedingt nötig." *(HR,* 986)

Wie Treebeard ist auch Tom Bombadil im Old Forest außerordentlich im Umgang mit dem Einen Ring und allen Geschicken, die damit zusammenhängen. Wahrscheinlich stellt Bombadil, der die vier Hobbits vor dem Old Man Willow rettet, einem erneut lebendigen wenn auch recht grimmigen Baum, für viele Leser die verwirrendste und zugleich faszinierendste Gestalt in *The Lord of the Rings* dar. Kaum ein Buch der Tolkien betreffenden Sekundärliteratur beschäftigt sich nicht, in zuweilen extrem entgegengesetzten Interpretationen, mit Tom Bombadils Symbolik.

So glaubt Ulrike Killer sogar, dass Tolkien selbst sich als augenzwinkernder Kommentator hinter der Maske Bombadils versteckt, doch erwächst diese Ansicht aus einer interpretatorischen

Schwäche eines Großteils der vorhandenen Sekundärliteratur, die in Tom Bombadil und seinen lustigen Liedern wenig Sinn erkennt. Tolkien meinte dazu in einem Brief: „Tom Bombadil ist keine wichtige Person – für die Erzählung. [...] Er ist einfach so eine Erfindung [...], aber er steht für etwas ein, das ich wichtig finde, obwohl ich nicht bereit wäre, dieses Gefühl genau zu analysieren" (Carpenter).

In gewisser Weise reflektiert Tom Bombadil in seiner äußerlich menschlichen Gestalt ein ideales, perfekt harmonisches Verhältnis zwischen Menschen und Natur. Goldberrys Erklärung ist so widersprüchlich wie eindeutig: „The trees and the grass and all things growing and living in the land belong to themselves. Tom Bombadil is the master." *(FR,* 172) [„Die Bäume und die Gräser und alles, was im Land wächst und lebt, gehören sich selbst. Tom Bombadil ist der Meister. *(HR,* 137)]. Folglich ist Bombadil nicht der Beherrscher und Manipulator der Natur, sondern wie Treebeard ein fester Teil des ihn umgebenden Ökosystems geworden, dessen Regeln er gelernt und gemeistert hat, an das er allerdings, wie Treebeard, regional gebunden ist. In diesem harmonischen Umfeld hat der Eine Ring keinen Einfluss auf ihn, und verspürt er keine Begierde, diesen zu besitzen. Wie Treebeard findet sich auch in Bombadil als Symbol für die Natur eine gewisse Gleichgültigkeit den weltlichen Machtspielen gegenüber, da er trotz seines Wissens sich in erster Linie um seinen eigenen durchaus komplexen (Old Man Willow, Barrow-wights, Goldberry) Mikrokosmos kümmert und nur innerhalb dieser Grenzen sein eigenes freies Wesen behalten kann.

Wie im Old Forest und in Fangorn findet sich auch in Lothlórien nach jeweils überstandener Gefahr ein in das Herz der Natur eingebettetes Zuhause für die Reisenden in *The Lord of the Rings.* Als Frodo das Elbenreich zum ersten Mal betritt, hat er das Gefühl, an den Anfang der Schöpfung zurückgeführt worden zu sein, wo alle Dinge noch keine Namen und keinen Fehl besaßen:

> All that he saw was shapely, but the shapes seemed at once clear cut, as if they had been first conceived and drawn at the uncovering of his eyes, and ancient as if they had endured for ever. He saw no colour but those he knew, gold and white and blue and green, but they were fresh and poignant, as if he had at that moment first perceived them and made for them names new and wonderful. In winter here no heart could mourn for summer or for spring. No blemish or sickness or deformity could be seen in anything that grew upon the earth. On the land of Lórien there was no stain. *(FR,* 455)

Alles, was er sah, war wohlgeformt, aber die Formen schienen klar umrissen, als seien sie erst, als ihm die Augenbinde abgenommen wurde, ersonnen und geschaffen worden, und zugleich alt, als ob sie seit eh und je dagewesen waren. Er sah keine Farben, außer denen, die er kannte, Gold und Weiß und Blau und Grün, aber sie waren frisch und strahlend, als nähme er sie in diesem Augenblick zum ersten Mal wahr und erfände neue und wunderbare Namen für sie. Hier konnte im Winter kein Herz um Sommer oder Frühling trauern. Kein Makel, kein Gebrechen, keine Missbildung ließ sich an irgendetwas entdecken, das auf der Erde wuchs. Kein Fehl war am Lande Lórien. *(HR,* 358)

Doch was es erst später zu verstehen gilt und was durch Galadriels Ablehnung, den Einen Ring an sich zu nehmen, verdeutlicht wird, ist, dass all diese Schönheit und Reinheit der Natur im Prinzip nichts anderes ist als die Manipulation und degenerative Perversion der Landschaft in Mordor oder den Dead Marshes. Wie diese erschreckenden Visionen geschändeter Erde ist auch die konservierte Reinheit der Natur in Lórien einzig durch die Macht von Zauberringen erschaffen worden. Selbstverständlich erhält Lothlórien Rechtfertigung, da, im Gegensatz zu Saurons Tyrannei, der Manipulation durch die Elben ein moralisch nachvollziehbarer Sinn zu Grunde liegt. Aber dennoch müssen die Elben und ihre Schöpfung aus dem gleichen Grund wie Sauron am Ende von *The Lord of the Rings* Middle-earth verlassen: um der bodenständigeren Symbiose zwischen Natur und Mensch- bzw. Hobbittum Platz zu machen. So verbindet Tolkien Tragik mit Hoffnung.

Die zurückbleibenden Hobbits, durch deren Sicht der Leser durch die gesamte Handlung geführt wird, stehen am Schluss im Kapitel „The Scouring of the Shire" *(RK,* 336-366) [Die Befreiung des Auenlandes" *(HR,* 1003-1025)] vor einer großen Aufgabe. Sie müssen sich der Bedrohung durch umweltvernichtende Technologie erwehren und sich ihrer eigenen Verwurzelung innerhalb der Natur zurückerinnern, was ihnen schließlich nach dem Tode Sarumans auch gelingt. Hier spielen deutlich Elemente aus der Primärwelt wie zum Beispiel Umweltverschmutzung in die Handlung der Sekundärwelt mit hinein; und nur mit Hilfe der zurückkehrenden, gereiften vier Hobbits gelingt es den anderen Halblingen im Shire ihre aufkeimende industriell-materielle Gier in den Griff zu bekommen. Sie widerstehen der Verlockung, sich ihre Umwelt Untertan zu machen, und leben weiter fort in friedlichem Einklang mit sich und der Natur.

Interessanterweise relativiert Tolkien demzufolge aus Liebe zur Natur sogar seinen überzeugten Katholizismus, der Gott als Herren der Schöpfung ansieht und den Menschen als dessen Abbild, welcher somit eine besondere Stellung innehat und so ebenfalls über dem Rest der Schöpfung steht. Sicherlich war Tolkien dieser Zwiespalt bewusst, und er begab sich auf einen schmalen Grat zwischen katholischer Religionsüberzeugung und konsequent moralisch zu verteidigendem Naturverständnis. Hätte Tolkien seine katholischen Ansichten konsequent in Middle-earth eingebaut, so hätte sich seine Welt möglicherweise wie in Batesons vernichtendem Urteil entwickelt:

> **If you put God outside and set him vis-à-vis his creation and if you have the idea that you are created in his image, you will logically and naturally see yourself as outside and against the things around you. ... The environment will seem to be yours to exploit. Your survival unit will be you and your folk or conspecifics against the environment of other social units, other races and the brutes and vegetables. If this is your estimate of your relation to nature and you have an advanced technology, your likelihood of survival will be that of a snowball in hell. (Gregory Bateson)**

Wenn man sich Gott als getrennt von seiner Schöpfung vorstellt und zugleich glaubt, in seinem Ebenbild erschaffen worden zu sein, dann sieht man auch sich selbst als getrennt von den Dingen, die einen umgeben. ... Man glaubt, dass die Umwelt nur dazu da wäre, ausgebeutet zu werden. Nur die eigenen Leute gehören zu der Gruppe, deren Überleben gesichert werden muss, im Gegensatz zu anderen Gruppen, zu anderen Rassen, zu den Tieren und den Pflanzen, für die das nicht zutrifft. Wenn man einerseits eine solche Einstellung zur Natur besitzt und andererseits über eine fortschrittliche Technologie verfügt, dann hat man eine ebensolche Überlebenschance wie ein Schneeball im Höllenfeuer.

Aber Tolkien verfuhr bei seiner Religion wie bei der Behandlung von Mythologie und Sprache: er brach gezielt Teilstücke heraus, um diese in seiner Sekundärwelt Middle-earth neu zusammenzusetzen, so dass sie gemeinsam ein neues Ganzes ergaben.

Was die zuvor angesprochene Entfremdung des Menschen zur Natur betrifft, so ist es ganz gleich, ob die Gründe dafür aus einem fehlgeleiteten Glauben der eigenen Überlegenheit entspringen, von der Entschlossenheit beeinflusst sind, die eigene Technologie so zweckmäßig wie möglich einzusetzen oder aber schlichtweg auf agrarorientierter Wirtschaft beruhen. Tragischerweise entscheidend für den zeitlosen Anspruch von Tolkiens Symbolik ist hierbei, dass die westliche Zivilisation dieses Planeten sich im Verlauf der vergangenen Jahrhunderten nicht länger als festen Bestandteil der Natur sondern als eine überlegene Spezies betrachtet hat, was sich beispielsweise seit vielen Jahrzehnten fortdauernd an den internationalen Regierungspositionen zu weltweiten Umweltschutzabkommen oder der umstrittenen aber wohl unaufhaltsamen Genmanipulation von Tieren, Pflanzen und menschlichem Erbgut aufzeigen lässt.

Diese gesellschaftliche Entwicklung wiederum führt, sofern die Möglichkeiten dazu geboten sind, zu einer egoistischen und die Umwelt manipulativen Haltung, die, wie in *The Lord of the Rings* am Beispiel Sarumans oder Saurons aufgezeigt, moralisch nicht zu akzeptieren ist. Weder das nationalparkähnliche Verhalten der Elben, die ihre Wälder in einer unnatürlichen Ursprünglichkeit erhalten wollen, noch die Vernichtung und Perversion des Natürlichen durch Sarumans oder Saurons Machtbestrebungen dürfen sich am Ende des Dritten Zeitalters durchsetzen. Einzig das Hobbittum, in harmonischem Einklang mit seiner Umwelt lebend, erfährt Bestätigung durch Sam, den Gärtner, der sich wie Tom Bombadil oder Treebeard als gleichberechtigten Bestandteil einer großen komplexen Welt sieht, nicht als deren Beherrscher.

3.4 „One ring to rule them all" – Die Beurteilung von Macht

Das offensichtlichste Symbol für die Gefährlichkeit und Attraktion von Macht ist natürlich der Eine Ring. Wie die Nazgûl in den Anfangskapiteln, welche die Hobbits ständig verfolgen und von diesen nicht abzuschütteln sind, demonstriert der Ring eine Bedrohung, vor der man immerfort weglaufen kann, die man jedoch auch nicht einfach ignorieren oder etwa direkt bekämpfen kann, da sie zu mächtig und universell ist. Die Mission der Gemeinschaft, den Einen Ring im Herzen Mordors zu zerstören, um die Welt vor der Bedrohung durch das Böse zu beschützen, nennt Randel Helms einen „antifaustischen Mythos" (Helms), welcher der Entwicklung des modernen Menschen vom Mittelalter bis zum heutigen Tage entgegen strebt:

Unsere emotionalen und intellektuellen Energien waren auf einer endlosen Suche nach Wissen und Macht über die Natur, über unsere Welt gerichtet. Nun sind wir geworden wie Sauron: Wir können die Natur beherrschen, aber müssen dabei feststellen, dass jeder beherrschende Zugriff verderblich wirkt. (Helms)

Doch um eine zu allegorische Interpretation zu vermeiden, sollte der Eine Ring nicht nur als vordergründiges Äquivalent moderner Lebensweise und Technologie der Primärwelt betrachtet werden, sondern insbesondere in Bezug auf seine Rolle in *The Lord of the Rings*. „Zu den wichtigsten Täuschungen des Ringes gehörte es, die Köpfe mit Vorstellungen einer überlegenen Macht zu erfüllen" (Carpenter), so Tolkien, und infolgedessen erliegen im Verlauf der Handlung Boromir und Saruman der Begierde, diese Macht für sich und die eigenen Bedürfnisse zu beanspruchen. Jedoch geschieht dies weniger aus bereits vorhandener Bosheit als vielmehr aus einer Verblendung heraus, die Macht des Ringes meistern und für die eigenen, vor sich selbst gerechtfertigten Zwecke, nutzen zu können.

Das Böse existiert nicht einfach so in Middle-earth, sondern wächst aus Unzufriedenheit, Naivität, Gier und Neid, und so erklärt Elrond beim Rat in Rivendell: „Nothing is evil in the beginning. Even Sauron was not so" *(FR*, 350) [„Denn nichts ist von Anfang an böse. Selbst Sauron war es nicht." *(HR,* 277)]. Boromir will mit Hilfe des Ringes die feindlichen Heere Saurons besiegen, um seine Heimat Gondor zu retten (vgl. *FR*, 516-519), Saruman hingegen sieht in der absoluten Kontrolle seiner Umwelt den Weg zum Erfolg seiner ursprünglichen Mission durch die Valar, der Beeinflussung und Unterstützung der freien Völker gegen Sauron. Er ist durch die verlockende Vision uneingeschränkter Macht geblendet, egoistisch und begierig geworden, wie in seinem Worten Gandalf gegenüber deutlich wird:

> [B]ut our time is at hand: the world of Men, which we must rule. But we must have power to order all things as we will, for that good which only the Wise can see. [...] A new power is rising. Against it the old allies and policies will not avail us at all. [...] We may join with that power. [...] As the power grows, its proved friends will also grow; and the Wise, such as you and I, may with patience come at last to direct its courses, to control it. We can bide our time, we can keep our thoughts in our hearts, deploring maybe evils done by the way, but approving the high and ultimate purpose: Knowledge, Rule,

Order; all the things that we have so far striven in vain to accomplish, hindered rather than helped by our weak and idle friends. There need not be, there would not be, any real change in our designs, only in our means. *(FR,* 339-340)

[A]ber unsere Zeit ist nah: die Welt der Menschen, die wir beherrschen müssen. Aber wir müssen Macht haben, Macht, alle Dinge zu ordnen, wie wir wollen, für jenes Wohl, dass nur die Weisen erkennen können. [...] Eine neue Macht steigt auf. Gegen sie werden uns die alten Verbündeten und Verfahren gar nichts nützen. [...] Wir können uns dieser Macht anschließen. [...] Wenn die Macht wächst, werden ihre erprobten Freunde auch wachsen. Und die Weisen wie du und ich werden mit Geduld schließlich so weit kommen, dass wir ihr Verhalten lenken, sie kontrollieren. Wir können den rechten Augenblick abwarten, wir können unsere Gedanken in unseren Herzen verschließen, vielleicht das Böse, das nebenher angerichtet wird, beklagen, doch das hohe und letzte Ziel billigen: Wissen, Herrschaft, Ordnung; alle diese Dinge, die zu erreichen wir uns bisher vergeblich bemüht haben, eher gehindert als unterstützt durch unsere schwachen und untätigen Freunde. Unsere Absichten brauchen sich nicht wirklich zu ändern und würden sich auch nicht ändern, nur unsere Mittel. *(HR,* 269)

Saruman glaubt, entweder im scheinheiligen Bündnis mit Sauron oder aber durch den Einen Ring letztendlich die Kontrolle über die in seinen Augen Schwächeren übernehmen zu können. Boromir hingegen verfällt den Machtversprechungen des Ringes, da er verzweifelt und wenig bewandert in den alten Legenden und Geschichten ist. So ähnelt er den Hobbits im Shire, die zum Abschluss des Buches durch Saruman fehlgeleitet werden, von Natur aus aber nicht bösartig sind, denn „there are only stupid and greedy ones, for that is the true nature of evil" (Elgin) [es gibt nur dumme und gierige, denn das ist die wahre Natur des Bösen].

Die Reaktionen der anderen Weisen, die über die zweischneidige Macht des Ringes Bescheid wissen, zeigt die wesentliche Moral bezogen auf generelle Macht in *The Lord of the Rings* auf. Zwei der mächtigsten Charaktere, Galadriel und Gandalf, verweigern die Annahme des Ringes, als er ihnen von Frodo angeboten wird. Beide geben ihr Verlangen nach den Kräften des Einen Ringes zu, doch beweisen sie zugleich eine selbstkritische Weitsicht. Gandalf wie auch Galadriel wissen, dass sie mit Hilfe des Ringes ihre persönlichen Ziele verwirklichen könnten, doch ist ihnen ebenso bewusst, dass sich ihr innerstes Wesen dabei verändern würde und sie durch den Gebrauch der gewaltigen Macht des Ringes das Gute pervertiert.

Der entscheidende Unterschied zwischen den Hobbit-Ringträgern Bilbo, Frodo oder Sam und den Mächtigen und Weisen von Middleearth besteht dabei erneut in der tief verwurzelten Einstellung zur Umwelt: die Hobbits sehen sich als kleine Bestandteile einer großen komplexen Welt und leben harmonisch in einem von Krieg, Mord oder jeglichen Beherrschungselementen (wie Armee, Verwaltungsapparat, Polizei) freien Land, dem Shire, und sind infolgedessen von inneren Eigenschaften wie Selbstverantwortung, Respekt für die Umwelt oder aber Schlichtheit und Bescheidenheit geprägt.

Gandalf, Aragorn, Galadriel, Elrond, and all the other noble characters refuse even to take the ring because of their fear of being corrupted by it, just as Saruman, Boromir, and Denethor are destroyed by it or the desire for it. Frodo, the hobbit, however, can take it because he holds a humility none of the others possess, because like other hobbits he understands that he is only a small part of a great whole which he cannot and does not want to reign. (Elgin)

Gandalf, Aragorn, Galadriel, Elrond und all die anderen edlen Charaktere weigern sich, den Ring an sich zu nehmen, da sie befürchten, von ihm in Versuchung geführt zu werden, während Saruman, Boromir und Denethor von dem Ring oder von dem Verlangen nach dem Ring zugrunde gerichtet werden. Frodo, der Hobbit, kann ihn dagegen an sich nehmen, weil er über eine Bescheidenheit verfügt, die keinem der anderen eigen ist, und weil er wie die anderen Hobbits versteht, dass er nur ein kleines Teilchen in einem großen Ganzen ist, das er nicht beherrschen kann und auch nicht beherrschen will.

Der wesentliche Unterschied in der Einstellung zur Macht zwischen Hobbits und den anderen Protagonisten besteht folglich darin, dass die Hobbits, wie auch Tom Bombadil im Old Forest, sich als Bestandteil der Natur sehen, die das Werkzeug Macht nur aus überlebensnotwendigen und somit natürlichen Beweggründen heraus benutzen. Die Elben hingegen verwendeten die Macht ihrer Magie und ihrer Ringe, um die eigenen Territorien gegen Feinde abzusichern, um die Natur ihren Wunschvorstellungen nach zu verändern, um zu regieren. Auch Gandalf gebraucht seine Macht und Zauberei, um zu beeinflussen und zu kontrollieren, sieht er sich doch als Beschützer der freien Völker und Lande und Bewahrer des Friedens. Aus dieser enormen Verantwortung der Welt gegenüber, sei es wie bei Menschen, Elben und Zwergen territorial begrenzt oder aber wie bei den Istari universell, wächst in Individuen wie Gandalf, Elrond oder Galadriel ein natürliches Bedürfnis nach Macht und Kontrolle, welche das eigene Vorhaben und die eigenen Wertvorstellungen unterstützen und festigen soll. Doch muss ich der Kritik widersprechen, wenn interpretiert wird, dass Tolkien damit aussagen will, „beware of power. The desire for power corrupts" (Lobdell) [hüte dich vor der Macht. Das Verlangen nach Macht korrumpiert]. Im Gegenteil, durch die Existenz des Einen Ringes und der Reaktion der Charaktere in *The Lord of the Rings* wird vielmehr aufgezeigt, dass Macht allein nicht böse ist, sondern nur die Art und Weise, wie sie praktiziert wird.

Die Hobbits begegnen im Verlauf der Geschichte ausnahmslos Wesen, die in Belangen wie sozialem Rang, Magiekunde, körperlicher Stärke oder Wissen mächtiger sind wie sie, doch allein der Umgang mit der ihnen verliehenen oder innewohnenden Macht zeigt den Unterschied zwischen Gut und Böse in *The Lord of the Rings* auf. Macht zu haben und zu benutzen ist nicht verwerflich, sie jedoch persönlichen Zielen zu unterzuordnen und nicht in den Dienst der Umwelt zu stellen ist das Charakteristikum des Bösen in Middle-earth.[13] In diesem Zusammenhang ist noch interessant, dass die Machthungrigen sich nicht länger in die Situation der Anderen hineinversetzen können. So beschreibt Gandalf Saurons Denkweise folgendermaßen:

> **For he [Sauron] is very wise, and weighs all things to a nicety in the scales of his malice. But the only measure he knows is desire, desire for power; and so he judges all hearts. Into his heart the thought will not enter that any will refuse it, that having the Ring we may seek to destroy it. If we seek this, we shall put him out of reckoning. *(FR,* 352)**

Denn er [Sauron] ist klug und wägt auf den Waagschalen seiner Bosheit alles genauestens ab. Doch der einzige Maßstab, den er kennt, ist Begehren, das Streben nach Macht, und danach beurteilt er alle Herzen. Ihm wird der Gedanke nicht kommen, dass jemand keinen Gebrauch davon machen will, dass wir den Ring haben und dennoch trachten könnten, ihn zu zerstören. Wenn wir das versuchen, werden wir seine ganze Berechnung durcheinander bringen. *(HR,* 279)

Hier zeigt sich der Widerspruch in der Natur des Bösen:

> No one in his right mind would want to be one of Sauron's slaves. But one might, in certain moods, want to be Sauron or, failing this, one of his satraps. Yet only the highest throne is really secure; there is only one position really worth having, even at the most cynical estimate. Thus all but one on the side of darkness are doomed to frustration. [...] The mystery of evil is that it rejects joy for an ambition which is in its nature unattainable. (Purtill)

Niemand, der bei klarem Verstand ist, würde freiwillig ein Sklave Saurons werden. Aber man könnte sich vielleicht zuweilen wünschen, selbst Sauron zu sein, oder, da das nicht möglich ist, wenigstens einer seiner Satrapen. Jedoch ist nur der allerhöchste Thron gefestigt; es gibt nur eine Position, die es wirklich wert ist, innegehalten zu werden, selbst bei zynischster Einschätzung. Daher sind alle, die auf der dunklen Seite stehen, ausgenommen der Herrscher, zur Frustration verdammt. [...] Das Geheimnis des Bösen liegt darin, dass es die Freude zugunsten eines Ehrgeizes zurückweist, der aufgrund seiner Natur niemals Erfüllung finden kann.

Das Böse, sofern man es spezifizieren kann, befindet sich in einem ewigen inneren Zwist, denn die unstillbare Gier kennt keinen Frieden. Im Gegenzug formt sich die Gemeinschaft um den Ringträger Frodo, bestehend aus vielen verschiedenen Völkern, bereit, selbstlos für das Bestehen des Systems große Opfer zu bringen und, bis auf den scheiternden Boromir, den Ring auf einer beinahe hoffnungslosen Mission zu vernichten. Während also die Gier nach individueller Macht das Individuum zugleich isoliert, bildet sich der zweckmäßige Zusammenschluss verschiedenster, zum Teil durchaus machtvoller, Individuen aus einer Sorge um das Bestehen der Umwelt heraus.

Das Gelingen der Mission in *The Lord of the Rings* beweist somit die Macht der verantwortungsvollen Nächstenliebe, die Macht des Guten. Und dass der Weg zum Erfolg nicht ausschließlich über die Mächtigen und Regierenden verlaufen muss, stellt Elrond in seiner Rede in Rivendell eindrucksvoll fest: „Yet such is oft the course of deeds that move the wheels of the world: small hands do them because they must, while the eyes of the great are elsewhere" *(FR,* 352) [„So ist es oft mit Taten, die die Räder der Welt in Bewegung setzen: kleine Hände vollbringen sie, weil sie müssen, während die Augen der Großen anderswo sind." *(HR, 279)*].

Die Isolation des Individuums, konfrontiert mit einer Macht, die für die gesamte Gesellschaft heilsbringend oder auch vernichtend sein kann, lässt sich ebenfalls bei LeGuin, Donaldson, Moorcock und anderen *Fantasy*-Autoren nach Tolkien aufzeigen. In dieser Extremsituation durchläuft die anfangs hilflose Hauptfigur ihren Reifeprozess, um sich schließlich, in den meisten Fällen, für die moralisch gute und umweltrettende Seite zu entscheiden. In gewisser Weise ist also auch diese soziale Verantwortungskomponente zu einem typischen Bestandteil für die *Fantasy* geworden.

3.5 „Your own way you alone can chose" – Die Bedeutung des freien Willens

Aus den Erzählungen über die einzelnen Völker geht hervor, dass jede Rasse in der Vergangenheit, also in den Geschichten von *The Silmarillion*, ihre Schattenseiten hat. Es gibt keine ausschließlich guten oder bösen Seiten in *The Lord of the Rings*, sondern nur Entwicklungen, die schließlich in der Ausgangssituation für die Handlung in *The Lord of the Rings* enden. So fasst Aragorn ein entscheidendes Schlüsselelement im individuellen wie universellen Kampf zwischen Gut und Böse im Gespräch mit Éomer treffend zusammen, als er auf Éomers Frage folgendermaßen antwortet:

„[...] How shall a man judge what to do in such times?"
„As he ever has judged," said Aragorn. „Good and ill have not changed since yesteryear; nor are they one thing among Elves and Dwarves and another among Men. It's a man's part to discern them, as much in the Golden Wood as in his own house." *(TT, 44)*

„[...] Wie soll ein Mensch beurteilen, was er in solchen Zeiten tun soll?"
„Wie er immer geurteilt hat," sagte Aragorn. „Gut und Böse haben sich nicht in jüngster Zeit geändert; und sie sind auch nicht zweierlei bei Elben und Zwergen auf der einen und Menschen auf der anderen Seite. Ein Mann muss sie unterscheiden können, im Goldenen Wald ebenso wie in seinem eigenen Haus." *(HR, 446)*

Die Entscheidung zwischen Gut und Böse, die Wahl, dem Dunkeln Herrscher oder den eigenen unmoralischen Gelüsten zu verfallen oder diesen zu trotzen, ist und bleibt eine ständige Bedrohung und Herausforderung für alle auftretenden Charaktere in *The Lord of the Rings*.

Demgemäß befinden sich die Figuren in *The Lord of the Rings* in steter Spannung zwischen zwei Extremen, sie sind ständig aufgefordert, sich zwischen Licht und Schatten, Hoffnung und Verzweiflung, Gut und Böse zu entscheiden. Die Wahl, die sie treffen, und die Taten, welche die innere Entscheidung nach außen widerspiegeln, unterliegen der moralischen Bewertung und machen sie zu Siegern oder Verlierern, zu Helden oder Bösewichten. (Zahnweh)

Die hieraus resultierenden tragischen Figuren sind vor allem Saruman, Boromir, Denethor oder Gollum, die alle aus einer Schwäche heraus ihre am Anfang durchaus gute Seele verraten und an diesem Verrat letztendlich scheitern und zugrunde gehen. Andere Charaktere wie Gandalf oder Galadriel treffen ihre Entscheidung, den Ring nicht an sich zu nehmen, aus innerer Stärke heraus und werden belohnt. Ebenso werden Sam und Frodo des Öfteren vor lebensnotwendige Entscheidungen gestellt, die sie, im Hinblick auf den Ring wie auch im Umgang mit Gollum, aus rein moralischer Sichtweise treffen müssen. Hierbei werden eigentliche Pflichten und Aufträge moralisch gerechtfertigten Urteilen gegenübergestellt, wie es in einer Szene in Minas Tirith verdeutlicht wird, als Pippin den Soldaten Beregond überzeugen will, dass dieser seine Befehle zu missachten hat, um das Leben von Faramir zu retten.

Vor allem aber Frodo, dem in der Sekundärliteratur zuweilen die Entscheidungsfreiheit und damit der Reiz an der Interpretation abgesprochen wird, ist von Tolkien am deutlichsten mit dem Motiv der schicksalhaften Wahl und daraus resultierender Verantwortung konfrontiert. Nicht nur, dass er sich freiwillig bereit erklärt, den Ring zu behalten und zu vernichten, sondern er steht auch unter dem permanenten Einfluss Saurons, der Verlockung, der Macht des Ringes nachzugeben und seine Freunde und sich selbst zu verraten, so wie es Gollum getan hat. Klar aufgezeigt wird dieser innere Konflikt nach seiner Flucht vor Boromir auf dem Amon Hen, als Saurons Auge ihn in einer Vision zu erblicken und zu überwältigen droht:

He heard himself crying out: *Never, never!* Or was it: *Verily I come, I come to you?* He could not tell. Then as a flash from

some other point of power there came to his mind another thought: *Take it off! Take it off! Fool, take it off! Take off the Ring!*
The two powers strove in him. For a moment, perfectly balanced between their piercing points, he writhed, tormented. Suddenly he was aware of himself again. Frodo, neither the Voice nor the Eye: free to chose and with one remaining instant to do so. He took the Ring off his finger. A black shadow seemed to pass like an arm above him, it missed Amon Hen and groped out west, and faded. *(FR*, 521)

Er hörte sich selbst aufschreien: *Niemals! Niemals!* Oder hatte er gerufen: *Wahrlich, ich komme, ich komme zu dir?* Er wusste es nicht. Dann schoss ihm ein anderer Gedanke in den Sinn, als ob er ihm von einer anderen Macht eingegeben worden sei: *Nimm ihn ab! Nimm ihn ab! Narr, nimm ihn ab! Nimm den Ring ab!*
Die beiden Mächte kämpften in ihm. Gleichsam durchbohrt von der Stoßkraft ihrer Angriffe, wand er sich einen Augenblick lang in Qualen. Plötzlich wurde er sich wieder seiner selbst bewusst. Frodo, weder die Stimme noch das Auge: frei, sich zu entscheiden, und nur ein Moment blieb ihm für diese Entscheidung. Er zog den Ring vom Finger. Er kniete im hellen Sonnenschein vor dem Hochsitz. Ein schwarzer Schatten wie ein Arm schien über ihn hinweg zu ziehen; er verfehlte Amon Hen und suchte weiter im Westen und verblasste. *(HR*, 409)

Die Bedeutung des freien Willens und der freien Entscheidung resultiert in der ständigen Gefahr, dem Bösen zu verfallen und zugleich aber auch in der Möglichkeit, sich auf das Gute zurückzubesinnen. So untermalt Tolkien die Charakterisierung seiner Figuren mit einer tiefen Moral, welche die Freiheit des Individuums aber auch dessen daraus erfolgende Unsicherheit repräsentiert. Beispielsweise entscheidet sich Théoden gegen Wormtongues Einfluss und wieder für den richtigen Weg, Saruman und Denethor aber bleiben dafür zu stolz.

Selbst Gollum durchlebt in seinem tragischen Werdegang einen letzten Moment der Reue und der Besinnung, als er Sam und Frodo in Cirith Ungol schlafend findet, aber seine zutiefst rührende Geste zu Frodos wird vom aufgeschreckten Sam fehlgedeutet und Gollum verfällt endgültig seiner dunklen Seite.

Abschließend kann gesagt werden: „[F]ree will is of a paramount inportance in Tolkien's moral scheme" (Mathews) [Der freie Wille ist in Tolkiens moralischer Werteskala von überragender Bedeutung]. Der freie Wille nämlich offenbart den fiktiven Figuren wie auch den Lesern den Wert eigener Entscheidungen und zugleich die Verantwortung, die man demzufolge zu tragen hat. Nur weil Frodo die Mission, den Ring zu vernichten, aus freier Entscheidung heraus angenommen hat, gewinnt er letztendlich die Kraft und Entschlossenheit, trotz aller Mühen und Leiden durchzuhalten und er selbst zu bleiben.

3.6 Formen des Schicksals und der Prophezeiung

Der mythische Aspekt von *The Lord of the Rings* wird im Lauf der Handlung wiederholt durch schicksalhafte Prophezeiungen unterstrichen, die so eine Verbindung zur sagenumworbenen Vergangenheit von Middle-earth erzeugen und gleichzeitig Ausblicke in die Zukunft werfen. Diese Methodik findet sich auch in den altertümlichen und mythologischen Quellen, aus denen Tolkien ja wie erwähnt ausgewählte Elemente in seine Sekundärwelt einfließen ließ. Diese prophetischen Elemente treten in den verschiedensten Formen auf.

So äußern sich die Weisen wie Gandalf oder Elrond über Ahnungen und Inspirationen, die sie haben, in Sätzen wie „I can put it no plainer than by saying that Bilbo was *meant* to find the ring, and *not* by its maker. In which case you [Frodo] were also *meant* to have it" *(FR,* 84) [„Ich kann es nicht deutlicher ausdrücken, als wenn ich sage, dass Bilbo dazu *ausersehen* war, den Ring zu finden, aber *nicht* von dem, der den Ring gemacht hatte. In diesem Fall wärst du [Frodo] auch *ausersehen. (HR,* 71)] oder „I think that this task is appointed for you, Frodo; and that if you do not find a way, no one will" *(FR,* 354) [„ich glaube, dass diese Aufgabe für dich, Frodo, bestimmt ist; und wenn du keinen Weg findest, wird niemand ihn finden." *(HR,* 280)].

Dann gibt es die prophetischen Träume, wie sie Frodo im Hause Tom Bombadils heimsuchen, welche Gandalfs Befreiung vom Orthanc zeigen sowie auf Frodos Reise über das Meer am Ende von *The Lord of the Rings* hindeuten. Auch Boromirs Traum, der ihn von Minas Tirith nach Rivendell beordert, um sich dort der Gemeinschaft des Ringes anzuschließen, gehört zu diesen Formen der Prophezeiung. Boromirs Vision wird auch nicht im Geringsten von einem der Zuhörer in Rivendell angezweifelt, und somit erfährt der Leser zusätzlich, dass mystische Vorahnung und Offenbarungen offensichtlich in der magischen Welt von Middle-earth einen festen Bestandteil einnehmen.

Insofern erhalten auch verzauberte Gegenstände wie Galadriels Spiegel oder aber die Palantiri eine Existenzberechtigung, denn sie dienen sowohl als Ausgucke in ferne Regionen wie auch als Vermittler zwischen Vergangenheit und Zukunft, bieten Visionen und mögliche Ausgänge momentaner Vorgänge an. So sehen Sam und Frodo in Lothlórien Visionen einer möglichen Zukunft des Shire, aber auch konkrete, später eintreffende Ereignisse wie Gandalfs Wiederkehr und der Kampf um Minas Tirith.

Weitere Prophezeiungen aus alter Zeit, die in Form von Überlieferungen und Gesängen auftreten und sich im Laufe der Handlung bewahrheiten, behandeln den Tod des Herren der Nazgûl durch eine Frau, die Auferstehung der Totenarmee durch Aragorn, das Neuschmieden des gebrochenen Schwertes Narsil und Aragorns zukünftige Krönung als König von Gondor.

Doch trotz der vielen Andeutungen über die Zukunft bleibt *The Lord of the Rings* in seinem Ausgang ungewiss, denn obwohl die Visionen in Galadriels Spiegel sich später überraschend in der Geschichte als Wahrheiten manifestieren, zeigen diese Wahrheiten doch kleine aber wichtige Unterschiede zur Vision auf, da sie durch die individuellen Entscheidungen der Charaktere beeinflusst sind. Ein wesentlicher Kritikpunkt an den prophetischen Aspekten in *The Lord of the Rings* ist der augenscheinliche Widerspruch zwischen Vorherbestimmtheit wichtiger Ereignisse und dem zuvor angesprochenen freien Willen des Einzelnen:

Indem diese Geschichten gewissermaßen vorgezeichnet sind, schleicht sich ein Determinismus in die Handlung ein, der in merkwürdigem Gegensatz steht zu dem freien Willen des einzelnen, den Tolkien aus seiner christlichen Überzeugung heraus propagiert. Dies ist das Problem, das vor allem Manlove in seiner Tolkien-Kritik so irritiert hat. Auf der einen Seite wird betont, dass Frodo aus freier Entscheidung heraus die Aufgabe übernahm, den Ring zu vernichten, auf der anderen Seite heißt es: „I think this task is appointed for you, Frodo." [Ich nehme an, diese Aufgabe ist dir vorbestimmt, Frodo.] Es gibt ohne Zweifel eine Form von religiöser Vorsehung in der Welt von Mittelerde. (Pesch)

Pesch meint hier, dass Tolkiens Welt zwar in groben Zügen vom Schicksal oder dem Schöpfergott durchgeplant ist, die Individuen jedoch eine Teilfreiheit besitzen, zu entscheiden, wer genau die Prophezeiungen erfüllen wird. Hierbei beruft er sich indirekt auf Tolkien, der in am Schluss von *The Hobbit* Gandalf zu Bilbo sagen lässt:

„Surely you don't disbelieve the prophecies, because you had a hand in bringing them about yourself? You don't really suppose, do you, that all your adventures and escapes were managed by mere luck, just for your sole benefit?" (Tolkien) [„Zweifelt Ihr etwa nur deshalb an den Prophezeiungen, weil Ihr selbst tatkräftig mitgewirkt habt? Ihr glaubt doch nicht etwa, es sei reiner Zufall gewesen, dass Ihr all die Abenteuer bestanden habt und all den Gefahren entkommen seid und dass all das einzig zu Eurem eigenen Nutzen geschehen ist?"].

Pesch übersieht dabei allerdings, dass *The Lord of the Rings* in seiner durchdachten Komplexität keineswegs mehr mit der märchenhafteren und in Stil und Struktur für Kinder konzipierten Geschichte von *The Hobbit* zu vergleichen ist. Ebenso ist die einzige göttliche Einmischung durch die Valar in die Geschicke der Welt von Middle-earth im Dritten Zeitalter die Entsendung der Istari gewesen. Vielmehr erklärt sich der augenscheinliche Widerspruch zwischen Freiheit und Vorherbestimmung dadurch, dass Tolkien in seinem Porträt der Welt ein hochkomplexes Geflecht der verschiedensten Lebewesen und Lebensarten knüpft, welches zeigt, dass trotz individueller Freiheit alles Leben miteinander verwoben ist und keine Tat ohne Folgen bleibt. Gleichsam drückt es auch Bilbo in seinem Gedicht „The Road goes ever on and on" [„Die Straße gleitet fort und fort"] aus; Frodo versucht, seine Bedeutung den anderen Hobbits zu erklären, indem er die Metapher für das Leben, die sich immer weiter verzweigende Straße und das offene Ende, übernimmt, ohne es in diesem Anfangsstadium seines Abenteuers selber recht zu verstehen.

Die Veranschaulichung von gegenseitiger Abhängigkeit im ökologischen System trotz der persönlichen Freiheit ist eine weitere sehr unterschwellige Botschaft Tolkiens, die keineswegs mit göttlicher Vorhersehung zu verwechseln ist, sondern einzig ein literarisches Mittel des Autors, um zu veranschaulichen, dass die individuelle Freiheit permanent gegen eine der Umwelt gegenüber bestehende, natürliche Verpflichtung abzuwägen ist. Tolkien bleibt dabei der Moral seiner magischen und mythologisch angehauchten Sekundärwelt treu.

All things are interrelated; all things are dependent upon each other, and to attempt either to withdraw from or rule over the world is likely to bring destruction of self as it brings destruction of the system. There [in *The Lord of the Rings*] is no implication of a destiny which shapes all ends, but there is a clear implication of an overall system of which all things are

a part, to which all things must contribute, and for which all things are responsible. (Elgin)

Alle Dinge stehen miteinander in Beziehung; alle Dinge hängen voneinander ab. Jeder Versuch, sich entweder aus der Welt zurückzuziehen oder sie beherrschen zu wollen, bringt mit großer Wahrscheinlichkeit sowohl die eigene Vernichtung als auch die der Welt. In *The Lord of the Rings* gibt es keinen Hinweis auf eine allgemeine Bestimmung, die darüber wacht, dass alles zu einem guten Ende findet, aber es gibt deutliche Hinweise auf ein allumfassendes Ganzes, von dem alle Dinge ein Teil sind, zu dem alle Dinge ihren Beitrag leisten müssen und für das alle Dinge verantwortlich sind.

Diese Ansicht findet sich, ausgehend von Tolkien, in vielen andere *Fantasy*-Romanen (siehe Kapitel 4.5 und 5), insbesondere die Liebe zur (oftmals personifizierten) Natur sowie feste moralische Wertvorstellungen wie bei Tolkien ziehen sich wie ein roter Faden durch die Fantasy der 80er und 90er Jahre des vergangenen Jahrhunderts.

3.7 Die unterschwellige Symbolik von Tod und Religion

Trotz der gewaltigen, biblisch inspirierten Entstehungsmythologie aus *The Silmarillion* zeigt sich das Zeitalter, in dem *The Lord of the Rings* spielt, von jeglicher organisierter und praktizierter Religion frei. Einzig die Erwähnung des Namens Elbereth wird im Laufe der Handlung von Elben, Elbenfreunden und Hobbits immer wieder gepriesen und in Zeiten der Not herauf beschworen. Elbereth ist ein elbischer Name für Varda, die Gattin des Lords der Valar, die in den Undying Lands verweilen, jenseits des Meeres in Valinor, welches die Elben auf ihrem letzen Weg fort von Middle-earth überqueren müssen. Elbereths Symbolik ist gerade für das unsterbliche Volk der Elben von größter Bedeutung, steht sie doch für ihre verlassene Heimat und die sehnsüchtig erwartete Rückkehr über das Meer. So fällt Elbereth eine beschützende Mutterrolle ähnlich der Jungfrau Maria zu, die sie in Middle-earth allerdings nur durch die Kraft ihres Namens ausüben kann, dessen Klang den Bedürftigen Kraft und Hoffnung spendet.

Ansonsten jedoch finden sich nur ideal-christliche Moralvorstellungen wie Nächstenliebe, Vergebung oder Opferbereitschaft in den Taten der Figuren wieder, keine Kulte, keine praktizierte Religion oder Gottvorstellung, wie es in der Primärwelt üblich ist. Tolkien erklärt dies mit den Worten:

Der Herr der Ringe ist natürlich ein von Grund auf religiöses und katholisches Werk; unbewusstermaßen zuerst, aber bewusst im Rückblick. Deshalb habe ich auch so gut wie nichts hineingebracht oder vielmehr alles weggelassen, was auf irgend etwas wie „Religion" hinweisen könnte, auf Kulte oder Bräuche in der imaginären Welt. Denn das religiöse Element ist in die Geschichte und ihre Symbolik eingelassen. (Carpenter)

Die katholischen Aspekte der Sünde und Buße spielen in *The Silmarillion* eine zentrale Rolle und fügen sich so in das bibelartige Format ein. In *The Lord of the Rings* ist eher die Thematik des Todes und der Wiedergeburt von Wichtigkeit, sowie die Handhabung der ambivalenten Unsterblichkeit der Elben und Maia.

Der Tod wird innerhalb der Handlung auf die verschiedenste Art und Weise immer wieder neu dargestellt, ist ein stetiger Begleiter der Reisenden und leitet so jedes Mal wieder das Motiv der Wiedergeburt ein.[14] So treffen die Hobbits am Anfang ihrer Reise beispielsweise auf den Farmer Maggot, ein „traditional image of death and decay" (Mathews) [traditionelles Bild des Todes und des Verfalls], der sie mit Pilzen versorgt, „a food that grows in dark and decaying matter" (Mathews) [eine Nahrung, die im Dunkeln auf verrottender Substanz wächst]; und neben den vielen Ruinen wie auf dem Weathertop oder in Tharbad und Osgiliath finden sich verfallene Stätten oder zumindest Zeichen des Verfalls wie in Minas Tirith überall in Middle-earth.

Ebenso greift der Tod des Öfteren personifiziert in das Geschehen der Gegenwart ein, als Zeichen einer unerfüllten Aufgabe, die das Dritte Zeitalter zum Guten oder Schlechten beschließen wird: die Vernichtung des Ringes und der damit verbundene Sturz Saurons. Die unterschiedlichen Gestalten des Todes sind unter anderem die Barrow-wights, die Nazgûl, die Armee der Toten aus dem Ered Nimrais, die Dead Marshes und in gewisser Weise auch Gollum, dessen Leben in unnatürlicher Weise gestreckt wurde, bis er nur noch ein dunkler Schatten seiner selbst war.

Einhergehend mit der Todessymbolik ist das Motiv der Wiedergeburt zu nennen. Frodos Ohnmacht nach der Konfrontation mit den Nazgûl an der Furt vor Rivendell und seine Genesung und

Reifung danach in Rivendell spiegeln ein solches, ähnlich wie bei Gandalfs Sturz in Moria und anschließender Rückkehr im Fangorn, deutlich wieder. Es reflektiert in gewisser Weise Tolkiens „Christian understanding of how one recovers from loss to be reborn through a process he describes in his essay ‚On Fairy Stories' as ‚Recovery, Escape, Consolation'" (Mathews) [christliches Verständnis, einen Verlust durch eine Methode zu überwinden, die er in seinem Essay ‚On Fairy Stories' als ‚Wiederherstellung, Flucht, Trost' beschreibt].

Diese Thematik wird vor allem auch durch die Aufgabe, den Ring zu vernichten, hervorgehoben, denn nur durch die Vernichtung des Ringes und damit aller anderen Ringe kann die Welt gerettet und erneuert werden. Und so geschieht es letztendlich auch; der Dunkle Herrscher ist besiegt, das Dritte Zeitalter ist vorüber, die Elben ziehen fort und das neugeborene, weniger magische Zeitalter der Menschen beginnt, wie im Appendix noch näher erläutert wird. All das wiederum steht im Einklang mit der christlichen Überzeugung, dass nach dem Tod nicht alles vorüber ist, sondern etwas Neues seinen Anfang findet. Gleichzeitig weist uns diese Symbolik darauf hin, dass die Zeit dem Menschen immer überlegen bleiben wird. In den ewigen Zyklen des Lebens zieht sie unaufhaltsam an uns vorbei, und um dies zu unterstreichen, fügt Tolkien mitten in die grausame Schlachtkulisse vor Minas Tirith und die dramatische Konfrontation zwischen Gandalf und dem Lord der Nazgûl folgende Szene ein, die den Leser unterschwellig an die eigene Sterblichkeit und das Verhältnis zwischen menschlichen Problemen und der selbstverständlichen Ewigkeit der Natur erinnert:

And in that very moment, away behind in some courtyard of the City, a cock crowed. Shrill and clear he crowed, recking nothing of wizardry or war, welcoming only the morning that in the sky far above the shadows of death was coming with the dawn. *(RK,* 121)

Und in eben diesem Augenblick, fern in irgendeinem Hof der Stadt, krähte ein Hahn. Schrill und klar krähte er, unbekümmert um Zauberei oder Krieg, und er begrüßte den Morgen, der am Himmel hoch über den Schatten des Todes mit der Morgendämmerung heraufzog. *(HR,* 835)

3.8 Die Wichtigkeit von Liebe und Freundschaft

Die in *The Lord of the Rings* dargestellten Beziehungen und Gefühle zwischen den Protagonisten lassen sich erst bei genauerer Untersuchung zutreffend erkennen und bewerten, denn zum einen gibt es so gut wie nie innere Monologe, zum anderen bleiben viele Elemente nur angedeutet und drohen hinter der rasch voranschreitenden Handlung oder der detaillierten Schilderung der Sekundärwelt zu verblassen. Dennoch sind Liebe und Freundschaft elementare Grundzüge von *The Lord of the Rings*, die der Geschichte nicht nur eine besondere Tiefe, sondern den verschiedenen Charakteren überhaupt erst ihre Motivation verleihen und somit die Plastizität der Welt, die unterschwellige Moral und die Identifikation des Lesers sehr stark prägen.

> **At the center of all the virtuous forces of light and of goodness, Tolkien shows us love. His presentation of this central human ideal is unique and intriguing, for he has presented it as an *idea* and a *feeling* lacking any hint of sexual passion. Love in Tolkien assumes an ideal medieval quality – a beatific *caritas*. His book is practically unique in twentieth century literature in its strange depiction of this central value, increasing in significance during the course of the great work. (Mathews)**

Tolkien zeigt uns die Liebe als das zentrale Element der tugendhaften Mächte des Lichts und der Güte. Seine Darstellung dieses menschlichen Ideals ist einzigartig und faszinierend, denn er zeigt sie uns als eine *Idee* und ein *Gefühl*, dem jeglicher Anschein sexueller Leidenschaft fehlt. Die Liebe entspricht bei Tolkien dem mittelalterlichen Ideal – einer glückseligen *caritas*. In der Literatur des zwanzigsten Jahrhunderts nimmt sein Buch eine Sonderstellung ein dank seiner ungewöhnlichen Darstellung dieser elementaren Wertvorstellung, die im Lauf des umfangreichen Werks stetig an Bedeutung gewinnt.

Es lassen sich generell vier unterschiedliche Arten von Liebe und Freundschaft aufzeigen: die christliche Nächstenliebe und das daraus resultierende Gemeinschaftsgefühl in einer Gesellschaft, die gleichgeschlechtliche Freundschaft sowie die traditionelle Liebe zwischen Mann und Frau. Auf das auffällig unausgewogene Verhältnis in der Darstellung von weiblichen und männlichen Charakteren soll im kommenden Kapitel über Geschlecht und Frauenfiguren eingegangen werden.

Neben den erwähnten Beispielen von Saruman, dessen Leben verschont bleibt und der durch Treebeard schließlich sogar aus der Gefangenschaft freigelassen wird, und Boromir, der trotz seines offensichtlichen Verrats an Frodo eine ehrenvolle Bestattung erhält, zeigt sich die praktizierte Nächstenliebe der Protagonisten vor allem am Beispiel Gollums. Dieser wird trotz seiner verabscheuungswürdigen Taten, trotz seines durch die Macht des Rings verursachten absonderlichen Aussehens und seines wirren Geisteszustandes von Bilbo in *The Hobbit* und später von Gandalf wie auch von Aragorn verschont. Ebenso unterziehen sich Sam und Frodo auf ihrer Wanderung durch die Dead Marshes und nach Mordor einer Wandlung, die aus der Abscheu Gollum gegenüber schließlich Mitleid und Mitgefühl werden lässt, wobei gerade Frodo anfangs eine völlig andere Einstellung besitzt, wie sich in der Unterredung mit Gandalf aufzeigen lässt:

> „What a pity that Bilbo did not stab that vile creature [Gollum], when he had a chance!"
> „Pity? It was Pity that stayed his hand. Pity and Mercy: not to strike without need. And he has been well rewarded, Frodo. Be sure that he took so little hurt from the evil, and escaped in the end, because he began his ownership of the ring so. With Pity."
> [...]
> „I can't understand you. Do you mean to say that you, and the Elves, have let him live on after all those horrible deeds? Now at any rate he is as bad as an orc, and just an enemy. He deserves death."
> „Deserves it! I daresay he does. Many that live deserve death. And some that die deserve life. Can you give it to them? Then do not be too eager to deal out death in judgement." *(FR,* 89)

> „Welch ein Jammer, dass Bilbo dieses elende Geschöpf [Gollum] nicht erdolcht hat, als er die Gelegenheit hatte!"
> „Ein Jammer? Ihn jammerte Gollum. Mitleid und Erbarmen hielten seine Hand zurück; nicht ohne Not wollte er töten. Und dafür ist er reich belohnt worden, Frodo. Du kannst gewiss sein, wenn ihm das Böse so wenig anhaben konnte und er sich ihm schließlich zu entziehen vermochte, dann nur, weil er den Ring auf diese Weise in Besitz nahm. Voll Mitleid."
> [...]

„Ich kann dich nicht verstehen. Willst du damit sagen, dass ihr, du und die Elben, ihn nach all diesen entsetzlichen Taten am Leben gelassen habt? Jetzt ist er jedenfalls so schlimm wie ein Ork und einfach ein Feind. Er verdient den Tod."
„Verdient ihn! Das will ich glauben. Viele, die leben, verdienen den Tod. Und manche, die sterben, verdienen das Leben. Kannst du es ihnen geben? Dann sei auch nicht so rasch mit einem Todesurteil bei der Hand." *(HR,* 74)

Dieses zutiefst christliche Motiv der Nächstenliebe einzubringen scheint Tolkien enorm wichtig gewesen zu sein, denn Frodos Entwicklung, nachdem er und Sam auf ihrer Reise Gollum begegnen, ihn verschonen und mitnehmen, zeugt von einer geistigen Reifung, der sich auch Sam im Laufe der Zeit unterzieht.

Es ist ein immer wiederkehrendes Moment in *The Lord of the Rings*, dass diejenigen, die Gnade und Vergebung üben am Ende dafür belohnt werden, obgleich die Nächstenliebe zu offensichtlichen Feinden wie Saruman oder Gollum nur mühsam zu praktizieren ist. Doch letztendlich verschont sich Frodo durch sein Mitleid für Gollum selber, wie in später noch einer genaueren Untersuchung im Kapitel über Heldentum aufgezeigt werden wird.

Aus diesem Prinzip des Respekts und der Nächstenliebe wächst auch das Verständnis für die Gemeinschaft aus Repräsentanten der Free People von Middle-earth, die Rivendell verlässt, um den Ringträger Frodo auf seiner Mission zu unterstützen. „Aus der gemeinsamen Überzeugung, dem Protagonisten bei der Erfüllung seiner Aufgabe zu helfen, entwickeln sich Solidarität und Toleranz als Grundlage menschlicher Gemeinschaftsbildung" (Tschirner), und so lernen die kulturell so unterschiedlichen Gefährten einander kennen und respektieren. So machen sich Aragorn, Gimli und Legolas nach dem Kapitel „The Departure of Boromir" *(TT,* 11) [„Boromirs Tod" *(HR,* 421)] aus Freundschaft und Loyalität auf, die entführten Merry und Pippin zu suchen, anstatt dem Ringträger und somit ihrer eigentlichen Mission zu folgen.

Auffälligstes Beispiel für den von Tolkien dargestellten Umgang mit dem kulturell Fremden ist die Beziehung zwischen den entzweiten Völkern der Elben und Zwerge, verkörpert durch Legolas und Gimli. Diese beiden entwickeln aus einer anfänglichen Gefühlskälte und Abneigung gegeneinander eine tiefe und innige Freundschaft. In Moria und den Glittering Caves offenbart der Zwerg Legolas viel über sein Volk und dessen Natur, und der Elb wiederum hat in Rivendell, Lórien und Fangorn die Gelegenheit, Gimli die Gefühlswelten der Elben zu näher zu bringen. Doch erst nach der Begegnung zwischen Gimli und Galadriel, der Herrin Lothlóriens, verschmelzen Gimli und Legolas innerhalb der Geschichte zu einer geschlossenen Einheit. Der Zwerg, der aufgrund des Misstrauens der Elben von Lothlórien nur mit verbundenen Augen durch deren Wald geführt werden darf, trifft plötzlich in einer Atmosphäre der Vorurteile unerwartet auf Verständnis und Zuneigung:

„**Dark is the water of Kheled-zâram, and cold are the springs of Kibil-nâla, and fair the many-pillared halls of Khazad-dûm in Elder days. Days before the fall of mighty kings beneath the stone.**" **She [Galadriel] looked upon Gimli, who sat glowering and sad, and she smiled. And the Dwarf, hearing the names given in his own ancient tongue, looked up and met her eyes; and it seemed to him that he looked suddenly into the heart of an enemy and saw there love and understanding. Wonder came into his face, and then he smiled in answer.** (FR, 462)

„Dunkel ist das Wasser von Kheled-zâram, und kalt sind die Quellen von Kibil-nâla, und schön waren die vielsäuligen Hallen von Khazad-dûm in der Altvorderenzeit vor dem Sturz mächtiger Könige unter dem Stein." Sie [Galadriel] schaute Gimli an, der finster und traurig dasaß, und sie lächelte. Und als der Zwerg hörte, dass die Namen in seiner eigenen alten Sprache genannt wurden, da hob er den Kopf und sah ihr in die Augen; und ihm schien, als blicke er plötzlich einem Feind ins Herz und sehe dort Liebe und Verständnis. Staunen malte sich in seinem Gesicht, und dann lächelte auch er. (HR, 364)

Fortan begegnet Gimli der Zwerg der Erinnerung an Galadriel mit einer Liebe, die bar jeglicher Sexualität ist, die jedoch die innere und äußere Schönheit des Anderen als etwas absolut Verehrungswürdiges beurteilt. Infolgedessen lässt er sich beim Abschied aus dem Elbenwald, als Galadriel jedem der Gemeinschaft ein Geschenk anbietet, nur eine Haarsträhne von ihr geben, als Erinnerung an ihr Verständnis und als Zeichen der zukünftigen Freundschaft zwischen den zwei Völkern.

Die intensivste Freundschaft existiert zweifellos zwischen Sam und Frodo. Sam ist keineswegs nur ein Diener, der seinen Herren begleitet, selbst wenn er Frodo durch das gesamte Werk hinweg immer wieder als Master bezeichnet. Seine Treue ist nicht Zeichen einer berufsmäßigen oder sozialen Untergebenheit, sondern wahre Liebe, die sämtliche anderen Konventionen unwichtig werden lässt. Sam begleitet den körperlich und geistig immer schwächer werdenden Frodo bis nach Mordor, sorgt für ihn, rettet ihn vor dem Tod und gibt ihm sogar aus freien Stücken den Einen Ring zurück, nachdem sie in Cirith Ungol wiedervereint sind. Immer wieder auf ihrem beschwerlichen Weg nach Mordor schämen sie sich der Tränen nicht, wenn Glück und Trauer ihren Weg begleiten oder tauschen Küsse auf die Stirn des Anderen und weitere körperliche Berührungen aus, die Verbundenheit und gegenseitiges Verständnis aufzeigen.

„Dieses Wachstum an Intensität, diese sich immer weiter verringendere Distanz zwischen den beiden, wobei jede Veränderung dokumentiert und verdeutlicht wird, ist sicherlich eine der eindringlichsten Analysen heroischer Freundschaft" (Bradley) und fern jeglicher sexueller Interpretation. Was Tolkien in der Freundschaft zwischen Frodo und Sam vermittelt, ist eine bedingungslose Liebe zwischen zwei Männern, die sich in Zeiten der Not gegenseitig Kraft und Vertrauen schenken und dadurch etwas in sich und in der Welt bewegen.

Those who have not lived in warrior societies (and it is worth remembering that both Tolkien's generation and mine have been unusual among scholars in having done so) may easily underestimate the deep attachment that may exist between comrades in arms. The attachment between Frodo and his Company, and especially between him and Sam, must have been paralleled many times in the two World Wars. (Brewer)

Diejenigen, die nicht an der Front gestanden sind (und es sollte erwähnt werden, dass sowohl Tolkiens Generation als auch meine dadurch hervorstachen, dass Literaturwissenschaftler an einem Krieg teilgenommen haben), unterschätzen gerne die tiefe Freundschaft, die zwischen Kriegskameraden auftritt. Die Freundschaft zwischen Frodo und seinen Gefährten, insbesondere zwischen ihm und Sam, findet wohl zahlreiche Parallelen in den beiden Weltkriegen.

Im Gegensatz zu den anrührenden Freundschaftsgeflechten existiert ein Problem in der Bewertung der Liebesbeziehungen zwischen den Geschlechtern, da Tolkien die Thematik der Sexualität kaum behandelt und zudem eine der zwei Liebesgeschichten, die von Aragorn und Arwen, fast ausnahmslos in den Appendix A *(RK,* 379- 453) verbannt hat, „weil sie sich nicht in die Haupterzählung einfügen ließ, ohne deren Struktur zu zerstören: diese ist „hobbito-zentrisch" angelegt, das heißt, in erster Linie als eine Studie über die Veredelung (oder Heiligung) des Niedrigen" (Carpenter).

So wissen die ahnungslosen Hobbits und Leser anfangs wenig mit Aragorns Lied über Luthien Tinúviel anzufangen, deren Zauber und Schönheit in seiner Geliebten Arwen wiedergeboren sein soll und deren Liebesgeschichte der seinigen tragischerweise gleicht, denn einem Sterblichen zuliebe verzichten die zwei elbischen Frauen auf ihre natürliche Unsterblichkeit. Die Verschiebung dieser Beziehung in den Appendix A bedeutet zugleich, dass viele Andeutungen bezüglich Aragorns Vergangenheit und Motivation in *The Lord of the Rings* erst im Anhang erklärt werden, worunter der Charakter Aragorns sowie die Handlung zu leiden haben.

Nicht nur ist der Leser dadurch geneigt, die Episode mit Éowyn überzubewerten oder Aragorns Reaktion in dieser Situation unmotiviert zu befinden, sondern er muss auch erstaunt sein über Aragorns Hochzeit mit Arwen, nachdem im Verlauf des *The Lord of the Rings* kaum etwas über die Beziehung der beiden ausgesagt wird. (Zahnweh)

Dennoch ist die Liebesgeschichte der beiden ansatzweise in den Handlungsstrang eingebaut worden und muss insofern eine Bedeutung haben.[15] Neben der Motivation für Aragorn, seine Geliebte nach seiner Krönung heiraten zu dürfen und dem latenten romantischen Element, welches im Appendix A dann näher erläutert wird, liegt meiner Meinung nach bei dieser Thematik zudem eine persönliche Motivation seitens des Autors vor, eigene biographische Details in die Geschichte mit einzubauen.

Die Liebesbeziehung zwischen Aragorn und Arwen weist wie gesagt deutliche Parallelen zur großen Liebesgeschichte in *The Silmarillion* zwischen Luthien und Beren auf, die Aragorn auch vor den Hobbits rezitiert. Und beide ähneln wiederum Tolkiens eigener Geschichte, denn auch er musste wie Aragorn und Beren lange Jahre auf die offizielle Vereinigung mit seiner geliebten Partnerin warten, da äußere Umstände und ein strenger Vormund jede andere Form des Kontaktes untersagten. Schließlich veranlasste Tolkien sogar vor seinem Tod, auf den gemeinsamen Grabstein die Namen Beren und Luthien unter dem Namen seiner Frau und dem seinigen einmeißeln zu lassen (Carpenter), denn „sie war die Quelle der Geschichte, aus der dann mit der Zeit das wichtigste Stück des *Silmarillion* wurde" (Carpenter).

Die zweite konkretere Liebesbeziehung betrifft Éowyn, die Tochter Théodens, und ihre Zuneigung zu Aragorn sowie ihre abschließende

Vermählung mit Faramir. Zuerst zu Aragorn und die ihn umgebende königliche Aura hingezogen, erfahren Éowyns Gefühle durch Aragorns Absage eine tiefe Enttäuschung, und sie beginnt, einen gefahrvollen aber notwendigen Selbstfindungsprozess zu durchlaufen, der sie schließlich zu Faramir und gegenseitiger Liebe führt. Doch um Éowyns Bedeutung für die Aussagekraft und Moral von Tolkiens Werk verstehen zu können, muss man sich mit der allgemeinen Darstellung von Frauen in *The Lord of the Rings* beschäftigen.

3.9 Frauenfiguren bei Tolkien: Kritik und Bewertung

Bei einer derart ausgearbeiteten Sekundärwelt wie Middle-earth ist es in der Tat auffällig, dass es in *The Lord of the Rings* so wenig weibliche Charaktere und noch weniger Beziehungen zwischen den Geschlechtern gibt.

In vier Bänden mit weit über tausend Seiten von nicht gerade kleinem Format gibt es so gut wie nichts, was als erotisches Element gedeutet werden könnte. Die Bücher sind sozusagen beinahe frauenlos. Es gibt dreißig männliche Hauptfiguren und mindestens ebenso viele, über die wir irgendetwas wissen, die kurz beschrieben werden und einen Satz oder zwei zu sagen haben. Aber selbst unter Einschluss der Statisten gibt es genau sieben weibliche Charaktere in der gesamten Trilogie. (Bradley)

So mag ein mancher Leser schnell zur durchaus nachvollziehbaren Schlussfolgerung kommen, der hierarchisch und patriarchisch aufgebaute Kosmos von Middle-earth wäre eine reine Männerdomäne, in der Frauen keine Bedeutung haben. Doch ist dem nicht so. Im Gegenteil, die quantitative Abstinenz weiblicher Protagonisten darf nicht als Abwertung des weiblichen Geschlechts verstanden werden, sondern sollte in der qualitativen Analyse der vorhandenen Frauen sowie in Bezug auf die dargestellte Umwelt und Tolkiens mögliche Intention interpretiert werden.

Tolkiens persönliche Betrachtung des Verhältnisses zwischen den Geschlechtern mag ein wenig Aufschluss darüber geben, warum er dem Thema der heterogenen Sexualität und Liebe anscheinend auszuweichen versucht hat. In einem Brief an seinen Sohn Michael äußerte er sich über die allgemeine Beziehung zwischen den Geschlechtern in einem stark katholisch beeinflussten Ton:

> In dieser gefallenen Welt [seit dem Sündenfall im Paradies] ist die Freundschaft, die eigentlich zwischen allen Menschen möglich sein sollte, nahezu unmöglich zwischen Mann und Frau. [...] Viele haben es schon mit dieser „Freundschaft" versucht, und fast immer versagt die eine oder die andere Seite. Im späteren Leben, wenn die Sexualität sich abkühlt, ist sie vielleicht möglich. Zwischen Heiligen kann es sie geben. Unter gewöhnlichen Menschen kann sie nur in seltenen Fällen auftreten. (Carpenter)

Aus dieser sehr reaktionären Überzeugung heraus, dass die sexuelle Begierde immer wieder in das zwischengeschlechtliche Verhältnis eingreift, sind die weiblichen Charaktere in *The Lord of the Rings* entweder als heilige und unerreichbare Frauen, wie Goldberry oder Galadriel, oder aber regional weit entfernte, das heißt, mehr als Vision auftretende Frauen, wie Arwen oder Rose eingeführt. Lobelia Sackville-Baggins indes dient wohl ausschließlich dem komischen und atmosphärischen Element im Shire und verdient in dieser Analyse ansonsten keine weitere Beachtung.

Galadriel hingegen ist durchaus in Auftreten und Einstellung klar und deutlich umrissen, doch wie bei Arwen (oder ihrem mythologischen Ebenbild Luthien aus *The Silmarillion*) findet sich auch ihre wahre Geschichte in *The Silmarillion*. Galadriel übernimmt in *The Lord of the Rings* eine vergleichbare Rolle wie Elrond, denn ihr Auftritt dient der Reflexion über die Motivation der einzelnen Gefährten der Gemeinschaft des Ringes, obgleich sogleich ein männlicher Charakter, der Zwerg Gimli, ihrem Zauber verfällt; und wenn diese Beziehung bar jeglicher Sexualität ist, so nur deswegen, weil Galadriel als Älteste unter den unsterblichen Elben einen Heiligencharakter einnimmt, der sie so unerreichbar macht wie Goldberry, die Frau von Tom Bombadil.

So bleibt nur noch Éowyn als letzter weiblicher Charakter zur Untersuchung übrig. Ihr Schicksal wird von Tolkien vergleichsweise überraschend intensiv beschrieben, und Kocher behauptet sogar: „Niemals hat Tolkien mit besserem Ergebnis in das menschliche Herz geschaut als bei dieser eingeschobenen Erzählung um Éowyn und Aragorn" (Kocher).

Es geht bei ihr nicht nur um die Liebe zu Aragorn und später zu Faramir, sondern vor allem um ihre Rolle in der traditionellen, konservativen Rittergesellschaft der Rohirrim, in der sie als ambitionierte, emanzipierte, junge Frau einfach keine Erfüllung finden kann.

Eine genauere Wiedergabe ihrer Entwicklung wird im Abschnitt über das Heldentum (Kapitel 3.10) angeführt, doch gilt es hier festzuhalten, dass sich Tolkien durch sein Porträt von Éowyn und ihrer Umwelt ein wenig von dem Vorwurf befreit, *The Lord of the Rings* „was reactionary in slighting the role of women" (Spivack) [setzte auf reaktionäre Weise die Rolle der Frau herab], denn vielmehr zeichnet er die Vision einer Welt, in der die unterdrückte Rolle der Frauen überdacht werden muss:

> **Darüber hinaus ist zu beachten, dass Tolkien dem Standpunkt, eine Gesellschaftsform wie die der Rohirrim mit ihren ausschließlich männlich-kriegerischen Idealen sei nicht mehr zeitgemäß, durch die Figur Éowyns auf sehr subtile Art Ausdruck verleiht. Indem er zeigt, wie Éowyn an der Ausschließlichkeit solcher Ideale, die die weibliche Rolle eindeutig auf die Plätze verweist, fast zugrunde geht, macht er deutlich, dass eine so orientierte Gesellschaftsform im Grunde längst überholt ist. (Zahnweh)**

Letztendlich widersetzt sich Éowyn der einengenden Rolle, die ihrem Geschlecht in Rohan zugeteilt wird, und rettet dadurch Minas Tirith vor dem Untergang, denn sie erschlägt auf dem Schlachtfeld den Herren der Nazgûl und trägt so entscheidenden Anteil am Sieg über das feindliche Heer. Nach der Prophezeiung konnte „no living man" *(RK,* 136) [„kein lebender Mann" *(HR,* 847)] den Herrn der Nazgûl töten, und so braucht Éowyn ihre Sexualität nicht länger in ihrer Verkleidung zu verstecken. Die Überheblichkeit des Nazgûls ausnützend, der trotz der prophetischen Worte die Möglichkeit einer weiblichen Kriegerin scheinbar nicht in Betrachtung gezogen hatte, vollbringt Éowyn eine der heldenhaftesten Taten im klassischen Sinne der Abenteuergeschichte, die in der Literatur traditionell den Männern vorbehalten waren: sie entscheidet eine Schlacht gegen die Heerscharen der Dunkelheit.

So schlägt Tolkien einen durchaus kritischen Bogen zurück zu Éowyns erstem Auftritt in Rohan, wo ihr verboten wurde, als Frau dem Ruf ihres Herzens zu folgen und an Aragorns Seite in den Krieg zu ziehen. Zudem durchbricht der protestierende und unglückliche Charakter von Éowyn hier überraschend das ansonsten zugegebenermaßen spärliche und reaktionäre Frauenporträt Tolkiens in *The Lord of the Ring*s, welches die Frauen (die bodenständigen Hobbits ausgenommen) ausschließlich als Heilige darstellt und untereinander niemals in einen Dialog treten lässt.

Doch um nochmals festzuhalten: Tolkiens *The Lord of the Rings* ist aus der Sicht der Hobbits geschrieben: vier männliche Freunde, die wie viele weitere Charaktere einen individuellen Reifeprozess durchlaufen. Dabei werden durchaus traditionell maskulin-feminine Bezugssysteme wie das offene Zeigen von Gefühlen untereinander praktiziert, um eine emotionale Spannung aufzubauen, die das üblicherweise auftretende sexuelle Spannungsverhältnis zwischen Mann und Frau ersetzt und möglichen sexuellen Konflikten wie bei Éowyn und Aragorn somit ausweicht:

> **[I]t is interesting that in *The Lord of the Rings* there is no great love story. This reticence could indicate an awareness of the limitations of art [...] Recovery in Tolkien's work is like a clearing ground for love. In its attempt to enliven the reader's perception of the world and the *other*, one might say his subcreation is subservient to love. Preparing us, as it were, for our own love story, to which the wise mythmaker realizes no art can do justice. (Garbowski)**

Es ist interessant festzustellen, dass in *The Lord of the Rings* keine bedeutende Liebesgeschichte beschrieben ist. Dieser Mangel könnte darauf hindeuten, dass Tolkien die Grenzen der Kunst erkannte. [...] Erneuerung steht in Tolkiens Werk für die Wegbereitung der Liebe. In seinem Versuch, die Wahrnehmung des Lesers für diese Welt und das *Andere* zu schärfen, bereitet seine Zweitschöpfung gewissermaßen den Weg für die Liebe. Und er bereitet uns für unsere eigene Liebesgeschichte vor, die, so ist dem weisen Mythenschöpfer klar bewusst, von der menschlichen Kunst nicht erfasst werden kann.

So legt Tolkien seinen Schwerpunkt eher auf Männerfreundschaften und die Verehrung von idealen (elbischen) Frauenbildern, doch es ist anzumerken, dass Tolkien hierbei die literatur-typische, maskuline Heldentumsdarstellung aus dem Abenteuerroman verändert und seine Hobbits nicht als Männer, sondern vorrangig als Repräsentanten menschlicher und somit geschlechtsneutraler Eigenschaften zeigt (siehe Kapitel 3.10 über Heldentum und Identifikationsmöglichkeiten). Seine größte Liebesgeschichte zwischen Aragorn und Arwen indes verlegt er in den Appendix A, wo die beiden lange Jahre glücklich und vereint zusammen leben: eine idealisierte und unbefleckte Liebe, die dem

Muster alter höfischer Traditionen in Hinsicht auf Ehre, Treue und Reinheit folgt – ein Idealbild für den romantischen Leser.

Inwieweit Tolkien zusätzlich von seiner zeitgenössischen Gesellschaft der 30er und 40er Jahre des 20. Jahrhunderts beeinflusst war, versuche ich in Kapitel 4.2 zu erörtern. Bemerkenswert ist allerdings, dass selbst Marion Zimmer Bradley 1961 bekannte, dass „innerhalb bestimmter Bezugssysteme Frauen für den Fortgang der Handlung eher nebensächlichen Charakter haben, und die Abenteuererzählung ist ein solches Bezugssystem" (Bradley).

Bradley ergibt sich erstaunlicherweise als Frau und Autorin der Tatsache, dass in der Tradition des Abenteuerromans die Frauen eindeutig auf ihre Plätze verwiesen waren, was auf die allgemeine, wenig emanzipierte Sichtweise der Menschen in der ersten Hälfte des 20. Jahrhunderts schlussfolgern lässt und somit auch Tolkiens reaktionäre Ansichten erklärt.

Gleichwohl zeigen sich die wenigen Frauen in *The Lord of the Rings*, wenn auch quantitativ den männlichen Figuren weit unterlegen, ausnahmslos als starke, selbstbewusste und zugleich Einflussreiche Charaktere. Warum beispielsweise die bedeutenden Regierungsposten in Rohan und Gondor ebenfalls durch den Autor nur von Männern besetzt worden sind, ist möglicherweise durch die mythisch inspirierte Vision Tolkiens zu erklären, da Frauen es generell in vorindustriellen Kulturen aufgrund ihrer körperlichen Unterlegenheit schwerer hatten, sich innerhalb einer hierarchisch-patriarchischen Gesellschaft durchzusetzen.

So fügt sich Tolkien in die konservativen Traditionen des Mittelalters und des Abenteuerromans, beide vorwiegend männerdominiert, und teilt den wenigen weiblichen Charakteren in *The Lord of the Rings* aus besagten Gründen nur die Beraterrolle oder Statistenrolle zu, obgleich die Situation durch die Einführung und Entwicklung von Éowyn innerhalb der Handlung in Ansätzen kritisch beleuchtet wird.

Es kann folglich gesagt werden, dass Tolkiens Geschlechtshandhabung durchaus gerechtfertigte Kritik erfährt, sie allerdings auch aus der soeben geschilderten Sicht der Dinge nachvollziehbar ist. Tolkiens in den vergangenen Kapiteln beschriebene Moralvorstellungen sind sicherlich als idealtypisch zu sehen, und in gleicher Art porträtiert er auch seine Figuren am Ende ihrer individuellen Entwicklungen innerhalb der Handlung: Die männlichen Charaktere entscheiden sich entweder für die ideale, die gute Seite oder sie sterben wie Boromir, Gollum, Saruman, Wormtongue oder Denethor. Die Frauen hingegen haben bis auf Éowyn keine Möglichkeit, sich zu entwickeln, entsprechen sie doch bereits dem idealisierten Heiligenbild, welches in der überirdischen Darstellung von Galadriel seinen Höhepunkt erreicht. Wie die meisten anderen männlichen Figuren sind auch die wenigen Frauen in *The Lord of the Rings* vorwiegend schemenhaft gezeichnet und bestechen eher durch die ihnen zugeteilte Symbolkraft als durch charakterisierende Dialoge, innere Monologe oder Beleuchtungen ihrer individuellen Vergangenheiten. Dabei bleiben sie nicht notwendigerweise blass, sondern ordnen sich in erster Linie der Sekundärweltsymbolik und der Abenteuerhandlung unter.

Die Abstraktion (und dadurch Erhöhung) von Liebe zwischen den Geschlechtern und das Verdrängen einer so wichtigen Liebe wie der zwischen Aragorn und Arwen in den Appendix A zeugt von Tolkiens Entschlossenheit, die Sexualität nicht zu ihrem in einer menschlichen Gesellschaft natürlichen Anspruch kommen zu lassen. Dies mag dem Fortgang der Handlung und der Symbolik zuliebe geschehen sein, wobei das Beispiel Éowyn beweist, dass es in Middle-earth den psychologisch beleuchteten und durchaus tiefgründigen, interessanten Frauencharakter sowie auch die zwischengeschlechtliche Liebe durchaus gibt.

Die auffällige Abstinenz weiblicher Charaktere mag möglicherweise von Leserinnen als fehlende Identifikationsmöglichkeit beklagt werden, doch sollte dies auch als literarisches Mittel zur Beibehaltung von Tolkiens „inner consistency of reality" (Garbowski 2000, 71) [innere Konsistenz der Realität] in Bezug auf die patriarchisch-männerdominierte Mittelalterwelt von Middle-earth sowie zur allgemeinen Abschwächung der Sexualität innerhalb der Handlung gedeutet werden. Diese weicht vor den vielen anderen Thematiken von *The Lord of the Rings* zurück, nicht zuletzt vor der primären Handlung: der traditionellen Abenteuergeschichte aus der Sicht der anfangs noch kindhaften Hobbits.

3.10 Identifikationsmöglichkeiten und Heldentumsdarstellung

Die Anzahl der handelnden Charaktere in *The Lord of the Rings* ist beträchtlich und muss infolgedessen für diese Untersuchung in einer subjektiven Auswahl stark eingeschränkt werden. Da die Handlung durch die Taten und Entscheidungen der vier Hobbits Frodo, Sam, Merry und Pippin vorangetrieben wird, habe ich den Schwerpunkt auf die Analyse dieser vier Figuren gelegt. Durch ihre Augen erfährt der

Leser nicht nur Schritt für Schritt mehr über die geschichtlichen Hintergründe und verborgenen Zauber von Middle-earth, sondern ihrer bodenständigen Natürlichkeit werden auch die anderen heldenhaften Charaktere in *The Lord of the Rings* gegenübergestellt und daran kontrastiert. Hierbei dient die Darstellung der äußerlichen Halbmenschlichkeit der Hobbits, wie auch die der Elben, Zwerge oder gar der Orks, als literarisches Mittel, gezielt bestimmte Aspekte des Menschlichen zu verkörpern, was somit „zu einem neuen und vertieften Verständnis des Menschlichen führen [...] soll, indem den Halbmenschen menschliche Verhaltensweisen und Emotionen beigelegt werden" (Tschirner). Daher wird den Hobbits in dieser Analyse des Heldentums und der daraus resultierenden Identifikationsmöglichkeiten seitens des Lesers die größte Aufmerksamkeit geschenkt, obgleich ich mich der folgenden Feststellung von Gudrun Zahnweh anschließen muss und mich nur unter Rücksicht auf den Umfang dieser Arbeit zu Kürzungen und Verallgemeinerungen in der kommenden Betrachtung und Analyse veranlasst sehe:

The Lord of the Rings stellt eine homogene Einheit dar und folgt einem fast akribisch ausgearbeiteten Konzept. Ein Protagonist im eigentlichen Sinne fehlt, und Tolkien legt großes Gewicht darauf, möglichst viele Aspekte von „Heldentum" aufzuzeigen und gegeneinander abzuwägen. (Zahnweh)

So werden die Mitglieder der Gemeinschaft des Ringes in ihrer Bedeutung und Symbolik knapp umrissen und deren Gemeinsamkeiten untersucht. Im Anschluss daran verdient Éowyn als einzige wahre Held*in* eine intensivere Betrachtung, bevor die beiden Charaktere von Merry und Pippin sowie das Dreiecksverhältnis zwischen Frodo, Sam und Gollum erläutert werden. Inwiefern die zahlreichen und vielschichtigen Charaktere sich ins symbolische Gesamtbild von Middle-earth und der Moral von *The Lord of the Rings* einfügen, wird schließlich in der Schlussbetrachtung dieses Kapitels gezeigt.

Gandalf, Aragorn, Boromir, Legolas, Gimli, aber auch die später hinzustoßenden Figuren wie Faramir und Éowyn verkörpern alle ein individuelles Schicksal verbunden mit einer ganz eigenen Motivation, doch haben sie alle eines gemeinsam: sie durchlaufen durch das Treffen verschiedenster Entscheidungen bis zum Ende der Geschichte eine innere Wandlung, die sie schließlich spirituell verändert und gewachsen zeigt. Interessant bei der Konstruktion der Protagonisten ist, dass Tolkien zur Herausarbeitung der unterschiedlichen Eigenarten und der damit verbundenen Bewertung dieser stets Figurenpaare oder - gruppierungen bildet, die von ihm aneinander gemessen und beurteilt werden.

So wird aus den anfänglich von Vorurteilen beeinflussten Legolas und Gimli im Laufe der Handlung aus Respekt für die fremde Kultur und persönlicher Freundschaft eine geschlossene Einheit. Auch Boromir wird in seinem Konkurrenzdenken erst an Aragorn und später vom Rezipienten unterbewusst an seinem Bruder Faramir gemessen. In Boromir hat Tolkien eine Figur geschaffen, die „als Held ebenso überzeugend wirkt, wie als Bösewicht" (Zahnweh), denn an ihm zeigt sich, wie im traditionellen, nordischen Heldentum das individuelle Streben nach Ruhm und Ehre die Verantwortung gegenüber der Gesellschaft überlagern kann, und somit in Tolkiens Kosmos als überholt angesehen wird. Boromirs nachvollziehbare Rechtfertigung sich selbst gegenüber, als er Frodo bedrängt, und seine anschließende Reue und spätere Erleuchtung lassen ihn allerdings weder in den Augen des Lesers noch in Aragorns als Verräter erscheinen.

Die nahezu perfekte Symbiose aus beiden ist Faramir, der neben dem kriegerischen Geschick seines Bruders die nötige Weitsicht und das Verständnis Aragorns besitzt, da er ebenfalls in Gandalfs Lehre gewesen ist. Faramir wird jedoch im Gegensatz zu Aragorn auf einer niedrigeren und dadurch weniger übermenschlichen Stufe dargestellt. Wie sein höheres Pendant erfährt auch er am Ende seine innere und äußere Komplettierung durch die Vermählung mit Éowyn, deren Zweck wie bei Aragorn als eine Belohnung für seine Balance zwischen menschlichen Gefühlen und Pflichtbewusstsein der Umwelt gegenüber gedeutet werden kann. Faramir wird so zum Symbol für einen neuen Anfang.

Aragorns hohe Abstammung, seine Liebe zu Arwen, seine gerechte und ehrenhafte Einstellung lassen ihn zu einer „Synthese zwischen dem Persönlichkeitsideal des Mittelalters und Tolkiens christlich-modernem Idealbild des Helden" (Zahnweh) werden, obgleich er wie viele andere Charaktere in *The Lord of the Rings* zuvor einen beschwerlichen Lehrweg zu beschreiten hat, eine „human quest for integration and unity, ‚at-one-ment', [which] awaits each of the heroes at the end of the road" (Petty) [menschliche Queste auf der Suche nach Integration und Einheit, ‚Sühne' [Wortspiel mit ‚Einssein'], die jeden der Helden am Ende seines Weges erwartet].

So füllt Aragorn in seiner königlichen Stellung am ehesten Gandalfs Fußstapfen, eine Rolle, die er bereits nach der Trennung in Moria einzunehmen hatte, doch für die er zu diesem Zeitpunkt noch nicht vorbereitet war, da ihn Zweifel an den eigenen Fähigkeiten plagten.[16]

In allen Fällen jedoch lagern die Schatten der abwesenden Eltern über den Protagonisten, die sich daraus Stück für Stück befreien müssen, um am Ende des Buches deren verantwortungsvollen Platz in der Gesellschaft einzunehmen. So weichen die Elternteile oder elterlichen Ersatzfiguren wie Bilbo, Denethor, Théoden oder aber Figuren aus *The Silmarillion* und *The Hobbit* wie Isildur, Gloin und Thranduil durch Tod oder Abstinenz vor den jüngeren Nachkommen zurück, die am Ende ihres Wachstums, am Ende von *The Lord of the Rings*, deren Lücken ausfüllen.

Einzig Gandalf in der Mentor- und Vaterrolle für Aragorn, Faramir und Pippin behält seinen Status bei, doch verlässt auch er aus diesem Grund zusammen mit Elrond und Galadriel Middle-earth über das Meer nach Valinor, nachdem der Kampf gegen Sauron gewonnen ist.

Dieses individuelle und doch voneinander beeinflusste, spirituelle Erwachsenwerden wird durch den Gewinn neuer Erkenntnisse über sich und die Umwelt veranschaulicht, zusätzlich zu den erlangten bedeutenden Positionen in Gondor, Rohan oder dem Auenland. Die Alten und Weisen lassen die gereiften in Middle-earth verbleibenden Charaktere in der Verantwortung zurück, aus der Geschichte zu lernen und so für die Zukunft zu sorgen, wie es Gandalf bisher für sie stets getan hat.

> **„I am with you at the present," said Gandalf, „but soon I shall not be. I am not coming to the Shire. You must settle its affairs yourselves; that is what you have been trained for. Do you not yet understand? My time is over: it is no longer my task to set things to rights, nor to help folk to do so. And as for you my dear friends, you will need no help. You are grown up now. Grown indeed very high; among the great you are; and I have no longer any fear for any of you." *(RK*, 334)**

„Jetzt bin ich bei euch," sagte Gandalf, „aber bald nicht mehr. Ich komme nicht mit ins Auenland. Ihr müsst eure Angelegenheiten selbst regeln; das könntet ihr inzwischen gelernt haben. Habt ihr es noch nicht begriffen? Meine Zeit ist vorüber: es ist nicht länger meine Aufgabe, Dinge in Ordnung zu bringen oder den Leuten dabei zu helfen. Und was euch betrifft, meine lieben Freunde, so werdet ihr keine Hilfe brauchen. Ihr seid jetzt erwachsen,; sehr stattlich geworden sogar; zu den Großen gehört ihr jetzt, und um keinen von euch habe ich mehr Angst. *(HR*, 1002)

Schließlich haben alle heldenartigen Charaktere in *The Lord of the Rings* ihren eigenen Lernprozess aus selbstloser Opferbereitschaft zu durchlaufen, bevor sie den Gang der Welt verstehen und ihr Leben mit einem ihnen bewussten Sinn verfolgen können. In diesem Sinne fragt Éowyn Aragorn „may I not now spend my life as I will?" und er antwortet darauf: „Few may do that with honour" *(RK,* 62) [„Darf ich nicht jetzt [...] mein Leben so verbringen, wie ich es will? [...] Wenige dürfen das in Ehren tun" *(HR,* 792)], weiß er doch aus eigener Erfahrung, dass die persönlichen Bedürfnisse im Angesicht einer bedrohten Welt wie Middle-earth hinter dem universellen Pflichtbewusstsein zurückstehen müssen, durch dessen Einhalten oder Missachten man sich und die moralische Ausrichtung der eigenen Seele definiert. Dieses Pflichtbewusstsein kann sich wie bei den Hobbits in der getreuen Freundschaft zueinander manifestieren wie aber auch in der unnachgiebigen Verweigerung von zerstörerischen Machtgelüsten, die durch den Einen Ring symbolisiert werden.

Éowyn indes ist deutlich von ihrer männlichen Umwelt geprägt, deren kriegerische Ideale ihrer weiblichen Sexualität keine Möglichkeiten geben, sich zu entfalten. So erwidert sie auf Aragorns Frage, wovor sie sich fürchtet: „'A cage,'" she said. ‚To stay behind bars, until use and old age accept them, and all chance of doing great deeds is beyond recall or desire'" *(RK,* 63) [‚Einen Käfig', sagte sie. ‚Hinter Gittern zu bleiben, bis Gewohnheit und hohes Alter sich damit abfinden und alle Aussichten, große Taten zu vollbringen, unwiderruflich dahin sind und auch gar nicht mehr ersehnt werden.' *(HR,*792)].

Hier offenbart sich ihr eingeschränkter Aktionsradius, ihre fehlenden Perspektiven im Leben aufgrund ihres Geschlechtes und ihre Verbitterung darüber. So ist es kein Wunder, dass sie in Aragorn alle die Ideale des königlichen Kriegers verkörpert sieht, die sie gerne auf sich übertragen würde, um in der männerdominierten Gesellschaft ihren eigenen Weg gehen zu können, obwohl sie dadurch nur in eine weitere Rolle schlüpfen würde (was sie später ja auch kurzzeitig tut), ohne ihren eigenen Weg zu finden. Gandalf analysiert Éowyns Situation an ihrem Krankenbett in Minas Tirith treffend: „But who knows what she spoke to the darkness, alone, in the bitter watches of the night, when all her life seemed shrinking, and the walls of her bower closing in about her, a hutch to trammel some wild thing in?" *(RK,* 170) [„Aber wer weiß, was sie in der Dunkelheit aussprach, allein, in den bitteren, stillen Stunden der Nacht, wenn ihr ganzes Leben zusammenzuschrumpfen schien und sich die Wände ihres Käfigs um sie schlossen wie um ein wildes Tier?" *(HR,* 873)].

Aragorns traurige Ablehnung ihrer Gefühle und Gesellschaft, „Few other griefs amid the ill chances of this world have more bitterness and shame for a man's heart than to behold the love of a lady so fair and brave that cannot be returned" *(RK,* 170)) [„Unter all dem Unglück dieser Welt gibt es kaum einen Schmerz, der bitterer und beschämender ist für das Herz eines Mannes, als die Liebe einer so schönen und so tapferen Frau zu erkennen, die nicht erwidert werden kann" *(HR,* 873)] lässt Éowyn zu ihrer Verkleidung als Mann greifen, in der sie schließlich in die Schlacht vor Minas Tirith reitet. Und obwohl sie dort ihre Anerkennung als Kriegerin findet, lässt die Verzweiflung und Melancholie nicht von ihr ab. So ist es erst die Liebe von Faramir zu ihr als Frau und nicht als Schildmaid, die in ihr das Gefühl für die eigene Sexualität in der einengenden Gesellschaft verleiht und aus dem heraus sie sich selbst zu akzeptieren beginnt und einen neuen, individuellen Weg einschlägt.

Éowyn wird somit im Gegensatz zur unsterblichen Elbin Arwen „in das große *Grundthema der Trilogie* eingebunden" (Bradley): das innere Wachstum zur Selbstfindung. Allerdings führt sie ihre eigene bewusste Entscheidung zum Beruf der Heilerin, was wiederum Tolkiens idealisiertem Frauenbild entspricht und Éowyns anfängliche Besonderheit und ihr Individualitätspotential leider wieder in reaktionäre Bahnen lenkt.

Der eigentliche Schwerpunkt der Charakterentwicklung allerdings liegt bei den Hobbits. Die zwei letztendlich nicht direkt an der Ringvernichtung beteiligten Halblinge Merry und Pippin werden in der Literaturkritik oftmals völlig übergangen oder nur am Rande behandelt, doch spiegeln sie zwei wesentliche Aspekte des Erwachsenwerdens wieder, was sich nicht zuletzt auch äußerlich in der Wirkung des Trunkes von Treebeard offenbart, der sie beide körperlich wachsen lässt. Pippin nimmt von Anfang an die Rolle des „verwöhnten jüngsten Kindes" (Bradley) ein, indem er in Rivendell von Elben ins Bett getragen wird, entgegen Gandalfs Anweisungen in Moria Lärm verursacht, mehrmals von diesem zurechtgewiesen wird, ihm sogar den Palantír stiehlt und schließlich von Gandalf sogar auf Shadowfax, wie ein behütetes Kind in seinen Mantel gehüllt, mitgenommen wird.

Doch seine Vater-Sohn-Beziehung zu Gandalf löst sich auf, als Pippin im Gedenken und Bewunderung an Boromir in die Dienste dessen Vaters Denethor tritt und so Faramirs Leben rettet. Merry auf der anderen Seite spiegelt die ruhigere und vernünftigere Seite der

Kindheit wieder, denn er hilft der Gemeinschaft immer wieder aus Notsituationen zu entkommen, und sein bereits vorhandenes Verantwortungsbewusstsein wird von Aragorn auch sogleich erkannt, selbst wenn sich Merry dabei zuweilen Pippin gegenüber als zu reif betrachtet.

Obwohl sich die beiden Wege der Hobbits sehr ähneln, unterscheiden sie sich doch stark in ihrer Motivation. Während Pippin Denethor seine Dienste anbietet, um seine Ehre aus Schuldbewusstsein gegenüber dem für ihn gefallenen Boromir wieder herzustellen, entschließt sich Merry aus einer tiefen inneren Liebe heraus, in Théodens Dienste zu treten. Théoden wird so für ihn zum Vaterersatz wie Gandalf zuvor für Pippin. Als Merry und Pippin in das Shire zurückkehren, haben sie ihre Kindlichkeit abgelegt, sind vollständig erwachsen und „zu einem gewissen Grade zu dem geworden, was sie bewundert haben" (Bradley).

Die Dreierbeziehung zwischen Frodo, Sam und Gollum stellt die komplexeste Form aller Charakterisierungen in *The Lord of the Rings* dar, denn diese Figurenkonstellation, die ab dem Kapitel „The Taming of Sméagol" *(TT,* 259) [„Sméagols Zähmung" *(HR,* 611)] bis hin zum Finale am Orodruin vom Rest der Charaktere, Faramirs Begegnung ausgenommen, isoliert bleibt, spiegelt einen tiefen, psychologischen Zwist wieder, in dem die drei Figuren immer mehr mit einander verschmelzen. Frodo als Ringträger fällt auf seinem beschwerlichen Weg nach Mordor immer mehr unter den Bann des Ringes und muss sich gegen die Verlockung, diesen zu benutzen oder ihn für sich zu beanspruchen, wehren. Während Sam seine gesunde Hobbitseite darstellt, die unverdorben und selbstlos für den geliebten Freund kämpft, führt Gollum die zwei Hobbits wie ein lebendiges Mahnmal an das, zu dem Saurons Ring fähig ist und was aus Frodo werden kann, tiefer in das Herz der Dunkelheit, nach Mordor.

Tolkien beleuchtet den inneren Konflikt Frodos, seine Zerrissenheit zwischen dem Weg des Guten und des Bösen, ohne die seinem Genre eigene Konzentration auf die Handlung aufzugeben. Mit Sam und Gollum wird der seelische Konflikt Frodos nach außen, in die Handlungsebene verlegt. (Zahnweh)

Natürlich sind Gollum und Sam nicht allein auf diese Funktion zu reduzieren, besitzen sie doch ausreichend Individualität und Freiheit, um als eigenständige und faszinierende Charaktere innerhalb der Geschichte zu existieren. Aber gerade Gollums eigene, gespaltene

Persönlichkeit, die durch die zwei streitenden Stimmen in seiner Brust, Sméagol und Gollum, nach außen getragen wird, ist ein Spiegel dessen, was zwischen ihm und Sam, was innerhalb von Frodo auf dem Weg nach Mordor abläuft.

> **He [Gollum] is especially Frodo's *alter ego*, Frodo's own doubt, fear, suspicion, greediness, selfishness, cowardice. We have all got our Gollums. Gollum is always being suppressed and rejected, but always there. It is impossible to get rid of him. He cannot be killed. He must not be approved of, must not be liked, but must, in a sense, be loved. (Brewer)**

Speziell Gollum stellt Frodos *alter ego* dar, Frodos Eigenschaften wie Zweifel, Furcht, Misstrauen, Gier, Selbstsucht, Feigheit. Wir alle haben unsere Gollums. Gollum wird zwar immer unterdrückt und zurückgedrängt, aber er ist dennoch präsent. Es ist unmöglich, sich seiner zu entledigen. Er kann nicht vernichtet werden. Man darf sich nicht auf seine Seite schlagen, man darf ihn nicht sympathisch finden, aber man muss ihn in gewisser Weise lieben.

So muss Frodo lernen, seine eigene dunkle Seite zu akzeptieren, die durch Gollums Fall repräsentiert wird. Diese personifizierten Begierden, Ängste und Schwächen anzunehmen ermöglicht Frodo letztendlich seinen Sieg, denn obwohl er an den Cracks of Doom der Verlockung der Macht des Ringes endgültig erliegt und diesen für sich beansprucht, wird die Mission durch Gollums Eingreifen zu Ende gebracht. Dessen Leben hatte Frodo zuvor aus Gnade und Nächstenliebe verschont, obwohl er einen Verrat von Gollum hätte erwarten müssen.

Moralisch gesehen ist Frodo insofern kein Versager, sondern im urchristlichen Sinne ein Vorbild. Wenngleich Frodo zwar an der ihm auferlegten Aufgabe scheitert, den Ring zu vernichten, wird sein Erfolg, den Ring überhaupt bis zum Orodruin gebracht zu haben, nach seiner Rückkehr gebührend belohnt und gefeiert. Ursula LeGuin sagt hierzu:

> **[Frodo] is something new to fantasy: a vulnerable, limited, rather unpredictable hero, who finally fails at his own quest – fails it at the very end of it, and has to have it accomplished for him by his mortal enemy, Gollum, who is, however, his kinsman, his brother, in fact himself... (LeGuin)**

Frodo stellt ein völlig neues Element in der Fantasyliteratur dar: einen verletzlichen Helden mit beschränkten Möglichkeiten, dessen Handlungen keinem festen Schema folgen und der am Ende seiner eigenen Queste versagt – er versagt genau am Höhepunkt seines Strebens, und seine Tat muss für ihn von seinem Erzfeind Gollum vollbracht werden, der jedoch sein Verwandter, sein Bruder, ja in Wahrheit er selbst ist...

So findet das gequälte Wesen Gollum mit dem Objekt seiner Begierde im Tod endlich seinen Frieden. Doch Frodo verfällt einer unheilbaren Melancholie, wird später an den Jahrestagen der Vernichtung des Ringes von Stigmataerscheinungen an seine schmerzvolle Queste und das von anderen zwar verstandene, doch vor sich selbst unentschuldbare Versagen erinnert und kann im Shire keinen inneren Frieden mehr finden.

,Alas! there are some wounds that cannot be wholly cured,' said Gandalf.
,I fear it may be so with mine,' said Frodo. ,There is no real going back. Though I may come to the Shire, it will not seem the same; for I shall not be the same. I am wounded with knife, sting, and tooth, and a long burden. Where shall I find rest?' *(RK, 325)*

,Ach, leider gibt es Wunden, die nicht völlig geheilt werden können,' sagte Gandalf.
,Ich fürchte, so könnte es mit meiner sein,' sagte Frodo. ,Es ist wirklich keine Rückkehr. Obwohl ich vielleicht ins Auenland komme, wird es mir nicht als dasselbe erscheinen; denn ich werde nicht derselbe sein. Ich bin verwundet durch Dolch, Stich und Zahn und eine schwere Bürde. Wo werde ich Ruhe finden?' *(HR, 995)*

Und so verlässt Frodo mit Bilbo und den anderen Weisen Middle-earth über das große Meer, seine Tragik begreifend, dass „er sich einer Welt zuliebe zum Helden entwickelt hat, diese Welt jedoch keinen Bedarf mehr für Helden hat" (Tschirner). Doch durch dieses Begreifen bleibt der gezeichnete Frodo ein Held, der in seinem Leiden den Sinn versteht, nämlich, dass er anderen hat helfen können.

Sam hingegen bleibt in Middle-earth, wird Bürgermeister seines Dorfes im Shire, heiratet seine Jugendliebe Rose, von der er zum ersten Mal in der grauen Wüste Mordors erzählt, und symbolisiert damit und durch sein Gärtnertum die Hoffnung und Kraft für das Vierte Zeitalter. Vom anfänglich komischen, naiven Diener wandelt sich Sam zum Sinnbild intensivster Freundschaft und Erbe von Frodos Vermächtnis, der Erinnerung an die Vergangenheit und der Sorge für die Zukunft.

Denn indem Sam die Heimat der Hobbits, die Frodo verließ, um sie zu beschützen, als fruchtbares und friedvolles Land bewahrt, gibt er den Leiden seines geliebten Frodo einen Sinn und „in ihm verkörpert sich [am Ende], in gewisser Weise die Schönheit der Elben, die Festigkeit der Zwerge, die Weisheit der Zauberer, der Edelmut der Menschen und die Bodenständigkeit der Halblinge" (Bradley).

Schließt man sich dieser Beurteilung an, so verwundert es nicht, dass *The Lord of the Rings* mit Sam endet, der zu Rose nach Hause zurückkehrt, und die veränderte, weniger magische, aber trotzdem hoffnungsvolle Zukunft von Middle-earth symbolisiert, ist er es doch, der auf ihrer Reise durch die düstere und geschändete Landschaft von Mordor noch einen Funken Hoffnung sieht:

> **There, peeping among the cloud-wrack above a dark tor high up in the mountains, Sam saw a white star twinkle for a while. The beauty of it smote his heart, as he looked up out of the forsaken land, and hope returned to him. For like a shaft, clear and cold, the thought pierced him that in the end the Shadow was only a small and passing thing: there was light and high beauty for ever beyond his reach. *(RK,* 238)**

Dort zwischen dem Gewölk über einem dunklen Felsen hoch oben im Gebirge, sah Sam eine Weile einen weißen Stern funkeln. Seine Schönheit griff ihm ans Herz, als er aufschaute aus dem verlassenen Land, und er schöpfte wieder Hoffnung. Denn wie ein Pfeil, klar und kalt, durchfuhr ihn der Gedanke, dass letztendlich der Schatten nur eine kleine und vorübergehende Sache sei: es gab Licht und hehre Schönheit, die auf immer außerhalb seiner Reichweite waren. *(HR,* 929)

3.11 Zusammenfassung

Die rote Faden, der sich durch die soeben behandelten Bereiche der Symbolik von *The Lord of the Rings* zieht und der diese unterschiedlichen Themenbereiche verbindet, ist etwas, das mittlerweile für das Genre der *Fantasy* charakteristisch geworden ist (siehe Kapitel 5): eine auf festen Wertvorstellungen basierende Moral, die durch den Dialog mit dem Leser eine Reflexion des Ichs, eine Rückführung zur eigenen menschlichen Natur bewirken soll. Die schwierige Komplexität dieses Anspruchs erklärt zugleich die Vielschichtigkeit der Symbolkraft eines

Werkes wie *The Lord of the Rings*, denn wenn dem Leser wie der gesamten Primärwelt ein Spiegel vorgehalten werden soll, dann bedarf dieses Unterfangen einer großen Bandbreite an Themengebieten, damit sich der Einzelne darin auch wiederfindet.

In einer umfassenden Beurteilung von Tolkiens *The Lord of the Rings* und dessen Symbolik bleibt allem anderen voran festzuhalten, dass Interpretationen, die dieses Werk anhand der Trilogie-Struktur analysieren, dabei missachten, dass zum einen der Verlag Allen & Unwin und nicht Tolkien die Einteilung in drei Bände aus verlagstechnischen Gründen vorgenommen hatte und zudem laut Tolkien die Unterteilungen innerhalb der drei Bände in sechs Bücher „eine rein praktische Einteilung hinsichtlich der Länge sind und mit dem Rhythmus oder der Anordnung der Erzählung nichts zu tun haben" (Carpenter).

The Lord of the Rings ist eine in sich geschlossene Einheit, die aufgrund der Komplexität ihrer Sekundärwelt einen einführenden Prolog sowie weiterführende Anhänge besitzt und welche zusammen mit den sechs vorhandenen Büchern in der Kritik als ein Ganzes angenommen und untersucht werden muss.

Die ausgewählten symbolischen Elemente in *The Lord of the Rings* beweisen klar die Vielseitigkeit, welche Tolkiens Schöpfung Middle-earth und seiner Bewohner zu Grunde liegt und die der Sekundärwelt ihre Glaubwürdigkeit, Anziehungskraft und suggestive Kraft verleiht.

> **To put it another way, the value of dream, folktale, myth, and romance, consists in their symbolic power, whereby they engage the mind and feelings on several different levels at once; generating propositions (to put it once again in rationalistic terms) about many aspects of life apparently unrelated to the central fiction. The capacity to create and respond to symbolic systems is one of the main elements in human relationship and individual human existence. The claim for *The Lord of the Rings* is simply that it constitutes a fiction which, with whatever weaknesses and shortcomings, has symbolic power. And this power corresponds to human needs and desires. (Brewer)**

Um es anders auszudrücken: Die Werte von Träumen, Märchen, Mythen und Romanzen liegen in ihrer symbolischen Kraft, mit der sie Verstand und Gefühl des Lesers auf mehreren verschiedenen Ebenen zugleich anrühren. Möchte man den Sachverhalt in rationaler Form ausdrücken, so könnte man sagen, diese Formen der Literatur stellen Thesen über viele Aspekte des Lebens auf, die scheinbar in keinem Zusammenhang mit dem Inhalt und der Handlung des Textes stehen. Die Fähigkeit, Symbolsysteme zu erschaffen und mit ihnen zu interagieren ist eines der wesentlichen Elemente in menschlichen Beziehungen und der menschlichen Existenz. Für *The Lord of the Ring* kann man daher zu Felde führen, dass er eine Dichtung darstellt, die trotz möglicher Schwächen und Fehler eine große Symbolkraft besitzt. Und diese Symbolkraft steht im Einklang mit menschlichen Bedürfnissen und Sehnsüchten.

Diese in die Handlung eingelassene Symbolik und damit verbundene Moral kann dem aufmerksamen Leser anregende Aspekte über den menschlichen Umgang mit der eigenen Umwelt und sich selber vermitteln. In Gestalt der mythischen Sekundärwelt erhält die Symbolik eine stärkere Suggestionskraft und durch die ursprünglichen, auf jeden Menschen anwendbaren Erfahrungen und Entwicklungen der Charaktere innerhalb der Handlung bahnen sich die Wertvorstellungen des Autors ihren Weg in das Bewusstsein der Rezipienten von *The Lord of the Rings*.

Hierbei muss erneut der Symbolcharakter der unterschiedlichen Figuren beachtet werden, die, obwohl zum Teil nur schemenhaft dargestellt und vorwiegend männlich, in ihren Erfahrungen und der daraus resultierenden Bedeutung grundsätzliche menschliche Lebensprinzipien wiederspiegeln und so beide Geschlechter und die verschiedensten Kulturkreise der Primärwelt ansprechen. Die gewaltige Zahl von weltweit über 50 Millionen verkauften Exemplaren von *The Lord of the Rings* (Stand 2001: also noch vor den weltweit unglaublich erfolgreichen Kinofilmen von Peter Jackson, die sicherlich den Umsatz weiter angetrieben haben) sowie die ungebrochene Beliebtheit und Präsenz von Tolkiens Werk im Internet oder in Fanclubs belegt dies eindeutig. Mehr dazu führe ich in Kapitel 4 aus.

Gerade die in Abschnitt 3.10 angesprochenen Schwächen der Protagonisten und ihr Scheitern oder das wiederum vorbildhafte Umgehen damit rührt nicht nur den Leser durch geweckte Sympathie oder Antipathie mit den Figuren, sondern schafft eine Brücke zwischen den eigenen Idealvorstellungen der Leserschaft und deren unausweichlichem Scheitern, wodurch Tolkien die menschliche Natur in ihren tiefsten Grundzügen nachzeichnet:

> **[I]n contrast to the psychological depth of this [Frodo's inner conflict], not only most other tales of heroism but a good deal of what is called literature seems simplistic. Creation of the flawed heroes or antiheroes of much modern writing involves no great moral insight: it is no news that we often fall short of**

the ideal. But Tolkien's picture of a hero who fails [i.e.Frodo], but succeeds after all because of his willingness to take a chance on another person, is both subtle and profoundly true to life. (Purtill)

Im Vergleich mit der psychologischen Tiefe von Frodos innerem Konflikt erscheinen nicht nur die meisten anderen Heldengeschichten, sondern auch ein großer Teil dessen, was man Literatur nennt, recht flach. Die Darstellung eines Helden mit Schwächen oder eines Antihelden, wie man sie in einem Großteil der modernen Literatur findet, erfordert keine große moralische Einsicht: Es ist altbekannt, dass wir oftmals unseren Idealen nicht genügen. Aber Tolkiens Porträt eines Helden, der versagt – Frodo – , aber dennoch sein Ziel erreicht, weil er bereit ist, einer anderen Person zu vertrauen, ist sowohl subtil als auch zutiefst lebensecht.

Diese Kritik teilt auch Randel Helms, wenn er sagt, die Darstellung Frodos und Sams „ist nämlich ein weiteres Geschenk Tolkiens, das er uns mit dem Herrn der Ringe macht: eine tiefgehende Kritik und Neubewertung dessen, was man unter heldischem Betragen versteht" (Helms), wobei heldisches Betragen, wenngleich bis auf Éowyn durch Männer repräsentiert, anhand der halbmenschlichen, fast kindlichen Hobbits eine allgemeine Symbolik erfährt, die für jeden Leser Bedeutung hat.

Folglich trägt zur Glaubhaftigkeit von Tolkiens *Fantasy* auch die Darstellung menschlicher Schwächen und Fehler bei, welche die Heldenfiguren in *The Lord of the Rings* nicht auf unerreichbare Sockel hebt, sondern Identifikationsmöglichkeiten für den Leser anbietet.

Neben dem Erkennen und Akzeptieren der eigenen Fehler, mit denen man umzugehen zu lernen hat, wird der Rezipient zugleich durch Gandalf auch über die eigene Verantwortung der Umwelt und den Mitmenschen gegenüber aufgeklärt:

> „Yet it is not our part to master all the tides of the world, but to do what is in us for the succour of those years wherein we are set, uprooting the evil in the fields that we know, so that those who live after may have clean earth to till. What weather they shall have is not ours to rule." *(RK,* 185)

„Doch ist es nicht unsere Aufgabe, alle Zeiträume der Welt zu lenken, sondern das zu tun, wozu wir fähig sind, um in den Jahren Hilfe zu leisten, in die wir hineingeboren sind, das Übel in den Feldern auszumerzen, die wir kennen, damit jene, die später leben, einen sauberen Boden zu bestellen haben. Auf das Wetter, das sie haben werden, können wir keinen Einfluss ausüben." *(HR, 885)*

Diese Verantwortung wird nicht zuletzt in der abschließenden, sehr wichtigen Episode "The Scouring of the Shire" [Die Befreiung des Auenlandes] verdeutlicht, als die Hobbits sich von der „faschistoiden Diktatur Sarumans" (Tschirner) befreien müssen, die einhergeht mit einer umweltschädlichen Industrialisierung, was man durchaus als „eine verkleinerte Parabel der Primärwelt mit deutlichen politischen Zügen" (Tschirner) bewerten kann. In der Rückkehr in das Shire zeigt sich außerdem erneut der zyklische Aspekt, der in die Handlung durch die Wiedergeburtssymbolik bereits mehrfach eingebaut wurde. Die vier Hobbits hatten das Shire über ein Jahr zuvor heimlich verlassen, eine Gegend, die man betrachten kann als „an archetype of home, with all the related associations – the warmth, the sense of belonging, the security, even the stifling limitations" (Douglas A. Burger) [den Archetypus eines Heims einschließlich aller damit verbundenen Eigenschaften: Wärme, Heimatgefühl, Sicherheit, aber auch Einschränkung und Einengung].

Wenn Sam also am Ende zu seiner Frau zurückkehrt und das Buch mit dem Satz „Well, I'm back" *(RK,* 378) [„Ja, ich bin zurück" *(HR,* 1035)] beendet, so findet sich auch der Leser wieder am Anfang, dort wo alles begann, in der behaglichen Natürlichkeit der Hobbits und ihrer Heimat, welche es schafft, in einer verblassenden Welt der Magie und der Legenden zu überleben, „for in Sam and Sam's children and the life of the Shire itself there are sufficient adaptability, sufficient desire to live, and sufficient humility to make survival possible" (Elgin) [denn in Sam und Sams Kindern und dem Leben im Shire gibt es ausreichend Anpassungsmöglichkeiten, Lebenswillen und Menschlichkeit, um ein Überleben zu ermöglichen].

Sonach begegnet Tolkien seiner auf alten Mythen aufbauenden Schöpfung mit einer bewussten Untergangs- und Transformationssymbolik, die traurig eine ruhmvolle und magiereiche Vergangenheit verabschiedet, die so voller Faszination und Schönheit war, dadurch allerdings erst falschen Stolz, Verblendung, Neid und Inkarnationen des Bösen wie Sauron hatte entstehen lassen.

Daneben bestätigt Tolkien durch die ergreifende Darstellung des Lebens auch zugleich die notwendige Unausweichlichkeit des Todes, in dessen Angesicht das Leben erst seinen Wert erhält. Und so mag der Abschied der Gemeinschaft aus Lórien nicht nur bereits das Ende von *The Lord of the Rings* symbolisch vorwegnehmen, sondern auch dem

Leser selbst einen Spiegel vorhalten, die Reise im Strom der Zeit, die alten Zauber und Legenden zurücklassend. Allerdings besteht Hoffnung, dass Rezipienten die Symbolik von Tolkiens Werk verstehen und eines Tages vielleicht sich selber aufmachen „sailing on to forgotten shores" [weitersegeln zu vergessenen Ufern], zurück zur eigenen tief verborgenen Menschlichkeit:

> **Crying farewell, the Elves of Lórien with long grey poles thrust them out into the flowing stream, and the rippling waters bore them softly away. The travellers sat still without moving or speaking. On the green bank near to the very point of the Tongue the Lady Galadriel stood alone and silent. As they passed her they turned and their eyes watched her slowly floating away from them: Lórien was slipping backwards, like a bright ship masted with enchanted trees, sailing on to forgotten shores, while they sat helpless upon the margin of the grey and leafless world. *(FR,* 490)**

Mit langen grauen Stangen stießen die Elben sie in die Strömung des Flusses hinaus und riefen ihnen Lebewohl zu, während die plätschernden Wellen sie langsam davontrugen. Sie saßen ganz still und sprachen nicht. Auf dem grünen Ufer nahe der Spitze der Landzunge stand Frau Galadriel allein und schweigend. Als sie vorbeifuhren, wandten sie sich zu ihr um und sahen zu, wie sie langsam von ihnen forttrieb. Denn so schien es ihnen: Lórien verschwand hinter ihnen wie ein leuchtendes Schiff, dessen Masten verzauberte Bäume waren und das zu vergessenen Ufern segelte, während sie hilflos am Rande der grauen und blattlosen Welt saßen. *(HR,* 384-385)

Der genaue Übergang vom Märchen zur *Fantasy* wird in dieser Arbeit nicht weiter aufgezeigt werden, aber da sich beide Literaturformen einer ähnlichen Symbolik und oftmals imaginativen Sekundärwelten bedienen, soll der wesentliche Unterschied zwischen Märchen und *Fantasy* im folgenden kurz umrissen werden, um für die aktuelle Betrachtung des Genres der *Fantasy* im Abschlusskapitel bereits eine Abgrenzung zur verwandten Gattung des Märchens vollzogen zu haben.

4. Die Welt von Middle-earth: Einfluss und Entwicklung

„*The Road goes ever on and on
Down from the door where it began.*" (FR, 58)

„*Die Straße gleitet fort und fort,
Weg von der Tür, wo sie begann*" (HR, 50)

4.1 Die literarische Entwicklung vom Märchen zur Fantasy

Welche Aspekte Tolkiens *Fantasy* auszeichnen, wurde im Vorangegangenen ausführlich erklärt, und wenn man die Entwicklung vom Mythos zu moderner Fantasy nachvollzieht, so darf die literarische Gattung des Märchens nicht außer Acht gelassen werden. Denn wie die traditionelle mythologische Erzählung zählt auch die Form des Märchens zu den Urformen der menschlichen Auseinandersetzung mit dem Unbewussten durch die Symbolkraft von Bildern, die sich einer traumähnlichen Sprache bedient, um dadurch die Innenwelt des Menschen näher zu beleuchten. Hier werden in relativ ernsthafter Weise Begegnungen mit nichtmenschlichen Phantasiewesen, mit Zauberei und allgemeinen Abenteuern von Menschen in geistigen „Grenzbezirken" (Tolkien) geschildert.

Wolfgang Schmidtbauer sagt hierzu: „Ein wesentlicher Unterschied zwischen Mythos und Märchen ist dabei, dass der Mythos sozusagen die Grundcharaktere der handelnden Figuren formuliert, während das Märchen ihre Auftritte schildert" (Schmidtbauer), was wiederum den Mythos in seinem Kernpunkt, der Entstehungsbegründung, als indirekte Voraussetzung für das Märchen beschreibt.

Die Bildersprache des Märchens ist natürlich regionalabhängig, doch basiert sie innerhalb eines Kulturkreises auf den archetypischen Symbolen, die zumeist durch altertümliche Mythen begründet sind, um so ein leichteres Verständnis der zu vermittelnden Moral zu ermöglichen. Die Handlung ist weder zeit- noch ortsgebunden, was den unrealistischen und primär symbolischen Charakter des Märchens weiter unterstreicht. Durch schlichte Sprache und klare Struktur betont das Märchen zumeist die einfachen und elementaren Dinge des Lebens, weshalb es oftmals als Kinderliteratur eingestuft wird.

Doch gibt es auch Märchen, die in der Tiefe ihrer Moral eindeutig für Erwachsene geschrieben worden sind, und in diesem Sinne erwehrt sich auch Tolkien vehement des Vorurteils der Einstufung als Kinderliteratur in seinem Essay „On Fairy-tales" (Tolkien). Darin argumentiert er, dass Märchen einen universellen Vermittlungsgedanken haben, der altersunabhängig den Rezipienten „eine Ahnung von der Kraft der Worte und vom Wunder der Dinge" (Tolkien), offenbaren kann. Dies ist sicherlich zutreffend, doch schließe ich mich zur Eingrenzung des Genres Märchen der allgemeinen Bewertung an, dass das Märchen in seiner literarischen Form eine vorwiegend eindimensionale Beschreibung von Tat und Konsequenz einiger wenig beleuchteter Charaktere in einer nur sehr grob beschriebenen phantastischen Umwelt ist, die zeitlich nicht genau definiert wird. Dies unterscheidet das Märchen von moderner *Fantasy*.

Modern fantasy, then, unlike myth and fairy-tale, allows for the reader's lack of familiarity with the supernatural; at the same time, through an identification with the hero and through a vivid sense of place, the reader is invited to a more intimate encounter with that reality. (Schaafsma)

Die moderne Fantasyliteratur nimmt, im Gegensatz zu Mythos und Märchen, Rücksicht auf den Mangel an Vertrautheit des Lesers mit dem Übernatürlichen; und zugleich wird der Leser durch die Identifikation mit dem Helden und durch eine detailgetreue und realistische Schilderung an eine intensivere Begegnung mit dieser fremden Realität herangeführt.

Natürlich spielen wie im Märchen auch in der *Fantasy* weiterhin Grenzbegegnungen zum Reich der Phantasie eine bedeutende Rolle, aber die im Märchen so archetypischen Strukturen werden in Werken wie *The Lord of the Rings* aufgerissen und deutlich weiterentwickelt. So verzichtete Tolkien beispielsweise, im Gegensatz zu *The Hobbit*, in *The Lord of the Rings* vollständig auf Drachen, da sie ihm im Bewusstsein der Gesellschaft wahrscheinlich durch die mittelalterliche Mythologie zu sehr auf einen speziellen archetypischen Status festgelegt waren. Außerdem findet sich in der *Fantasy* oftmals ein selbstkritisches Element, welches seine dunklen Schatten über die Handlung und Ausgang der Geschichte wirft:

> Die Eindimensionalität des Märchens besteht darin, dass Numinoses und Alltägliches auf einer Ebene angesiedelt werden, ohne dass ihre ontologische Differenz irgendwie, beispielsweise von den Märchenfiguren, bemerkt würde. In der Fantasy wird die Existenz des Supra-Empirischen prinzipiell ebenfalls nicht in Zweifel gezogen, da es ja integraler Bestandteil der Sekundärwelt ist. Doch gibt es einzelne Figuren, die die Existenz supra-empirischer Phänomene wie zum Beispiel der Magie anzweifeln, womit sie in etwa den Standpunkt des aufgeklärten Lesers artikulieren. (Tschirner)

Hierzu stellt Tolkien seine dahinscheidende, magische Welt der Elben der eher rationalen, kriegerisch orientierten Welt der Menschen aus Rohan oder auch Gondor entgegen, die ähnlich dem modernen Menschen ihren Bezug zum Glauben an das Phantastische immer mehr verlieren.

Die ausgewählte Übernahme bewährter mythen- und märchenhafter Muster und deren Weiterentwicklung, sei es durch Charaktere oder durch den Symbolismus der Sekundärwelt lässt die *Fantasy* somit nicht als Sonderform des Märchens unter anderen Bedingungen auftreten, „sondern durch die Bedingungen, unter denen sie operiert, tritt sie zugleich in einen Dialog mit der Märchenform ein und wird zu einer individuellen Interpretation derselben" (Pesch). Sie ist folglich „weder eine Utopie, noch ein moderner Mythos oder ein modernes Märchen und auch nicht Phantastische Literatur – sie ist eine populärliterarische Gattung, die alle diese Muster und noch viele weitere übernimmt, variiert und ihrer Ideologie anpasst" (Tschirner), was in Kapitel 4.5 über die Entwicklung der *Fantasy* seit der Veröffentlichung von *The Lord of the Rings* anhand der verschiedensten Formen von *Fantasy*-Literatur noch aufgezeigt werden wird.[17]

Inwiefern Tolkiens eigene Ideologie von seinem historischen Umfeld geprägt worden ist und in welchem Maße diese Beeinflussung sich in *The Lord of the Rings* wiederfindet, soll jetzt näher erläutert werden.

4.2 Weltkriege und Postmoderne – Tolkien und sein zeitgenössisches Umfeld

J. R. R. Tolkien wurde 1892 in Bloemfontein, Südafrika, geboren, lebte aber seit seinem dritten Lebensjahr in England und wurde Zeuge wachsender internationaler Spannungen, steigender Massenproduktion und damit verbundener Technologisierung, wirtschaftlicher Depressionen, zweier Weltkriege, sowie des Abwurfs der ersten Atombombe. Wie Tolkien selber sagte, kann ein Mensch nicht von den Geschehnissen seiner Zeit unbeeinflusst bleiben, und Tolkien wurde, bewusst oder unbewusst, sicherlich von der „Finsternis der heutigen Zeiten" (Carpenter) als Mensch und Autor geprägt.

Im Vorwort zu *The Lord of the Rings* erwähnt er, dass „[b]y 1918 all but one of my close friends were dead" *(FR,* 12) [„1918 waren bis auf einen alle meine nächsten Freunde tot. *(HR,* 13)], was auf eine persönliche Isolation hindeutet, die sich wiederum in großen Teilen von Tolkiens Werken in der Darstellung wichtiger Charaktere oder Szenarien niederschlägt.

„Tolkien hat immer geredet, als könnten nur Wahnsinnige oder Narren das 20. Jahrhundert ohne Horror betrachten" (Sale) und sein dadurch entstandener Fortschrittspessimismus wurde nur durch seinen ungebrochenen Glauben an Gott abgefedert, wie er in einem Brief an seinen Sohn Christopher, aus dem Jahr 1944 offenbart:

> **Ich fühle mich manchmal niedergeschmettert beim Gedanken an die Gesamtsumme menschlichen Elends in aller Welt zum gegenwärtigen Zeitpunkt: die Millionen von Getrennten, Verbitterten, die sich in unfruchtbaren Tagen verschleißen – ganz abgesehen von Folter, Schmerz, Tod, Trauer und Ungerechtigkeit. Wäre das Leid sichtbar, so wäre fast dieser ganze umnachtete Planet in einen dicken dunklen Qualm gehüllt und dem staunenden Blick der Himmel entzogen. [...] Aber noch ist etwas Hoffnung, dass es für uns besser werden wird, sogar im Zeitlichen, dank Gottes Gnade. (Carpenter)**

Tolkiens Erfahrungen wurden von vielen seiner Zeitgenossen geteilt. Doch während Ulrike Killer die frühen zwanziger Jahre, das Erscheinen von James Joyce's *Ulysses* oder T. S. Eliots *The Waste Land* sowie anderer bedeutender Werke von Katherine Mansfield, Virginia Woolf oder W. B. Yeats, als „Aufbruchsstimmung" unter den Autoren nach der „Dumpfheit der viktorianischen Periode" beschreibt (Killer), kann man die düsteren und zum Teil mythisch inspirierten Werke wie das von Eliot auch als desillusionierten oder ironisch-kritischen Spiegel einer unberechenbaren und kriegerischen Zeit sehen.

Als in der Literatur des frühen 20. Jahrhunderts der Realismus vom Absurden durchbrochen wurde, entwickelte sich das Mythische in eine ironische Form, welches erst durch *The Lord of the Rings* wieder in eine ernsthafte und klar differenzierte Richtung gelenkt wurde. Es zeigte sich bereits Ende des 19. und Anfang des 20. Jahrhunderts eine „intoxication of Celtic elements" [rauschhafte Verbreitung keltisch-mythologischer Elemente] (Sullivan) in den Werken bedeutender Schriftsteller, deren Werke später als *Fantasy* betitelt worden sind. Unglücklicherweise wurden Großteile der Symbolik nordischer Mythologie zu Propagandazwecken beispielsweise im Naziregime Deutschlands oder auch im aufkeimenden Kalten Krieg zwischen den Supermächten aufgegriffen und pervertiert, was wiederum zu einer vorsichtigeren Umgangsweise mit mythologischen Elementen innerhalb der Literatur führte.

Generell kann man die zeitgeschichtliche Periode, in der Tolkien zu seiner eigenen Mythologie und Schriftstellerei inspiriert wurde, als beginnende Epoche der Postmoderne bezeichnen, welche die absolute Wahrheit über Geschichte und den Zustand allen Seins relativiert, in Frage stellt und „if there is any objective truth, we can't reach it with words" [wenn es denn eine objektive Wahrheit gibt, so lässt sie sich mit Worten nicht ergründen] (LeGuin).

Zugleich wird auch die Vorstellung einer einheitlichen Realität aufgegeben zugunsten eines Konzeptes multipler Perspektiven, innerhalb dessen das, was aus der eigenen Sicht realistisch ist, aus der anderen phantastisch erscheint, so dass auch die traditionelle Trennung von realistischer und phantastischer Literatur unter diesem Vorzeichen an Gültigkeit verliert. (Pesch)

Sicherlich förderte die Postmoderne Entstehung, Entwicklung und Rezeption von *The Lord of the Rings*, beeinflusst durch die Bitterkeit von Kriegen und sozial-politischen Erschütterungen in Europa. Dennoch wirkte der die Phantasie begünstigenden Strömung der Postmoderne eine fortschreitende Rationalisierung der Gesellschaft durch Technologie und Wissenschaft entgegen, was wahrscheinlich als wichtigste Ursache der radikal geteilten Kritiken über *The Lord of the Rings* einzustufen ist.

Helms stuft in Hinsicht auf besagte Rationalisierung Tolkiens symbolhafte Moral, eingekleidet in die Zauber seiner Sekundärwelt, als mittlerweile „lebensnotwendig" für uns Menschen ein und schließt sogar in einer sehr extremen Schlussfolgerung von einer geistig-seelischen Armut des modernen Menschen, seine Umwelt klar erkennen und beurteilen zu können, auf die potentielle Gefahr, dass „sich die Vergasung von Juden leicht hinter unklaren Begriffen wie „die Endlösung" tarnen [kann], das Abbrennen vietnamesischer Dörfer kann man mit leeren Phrasen wie „Befriedung" wegerklären, wenn die Vorstellungskraft zu schwach ist, um ein lebendiges Gefühl für das, was da wirklich passiert, hervorzurufen" (Helms). Diese Ansicht geht einher mit Tolkiens eigenen, desillusionierten und erschütterten Ansichten über die Menschheit, welche er in einem Brief an seinen Sohn Christopher im Januar 1945 festhielt:

> **Die entsetzliche Vernichtung und das Elend in diesem Krieg nehmen stündlich zu: die Vernichtung dessen, was der gemeinsame Reichtum Europas und der Welt sein sollte (oder vielmehr ist), wenn die Menschheit nicht so töricht wäre, ein Reichtum, dessen Verlust uns alle treffen wird, ob wir nun zu den Siegern gehören oder nicht. Und doch weiden sich die Leute an den Nachrichten von den endlosen Reihen, 40 Meilen lang, von elenden Flüchtlingen, Frauen und Kindern, die nach Westen strömen und am Weg umkommen. Es scheint kein Mitgefühl oder Erbarmen mehr zu geben, keine Vorstellungskraft für das Elend in dieser dunklen, diabolischen Stunde. [...] Angeblich hatten wir doch eine Stufe der Zivilisation erreicht, auf der es zwar immer noch nötig sein mochte, einen Verbrecher hinzurichten, nicht aber, sich daran zu weiden oder seine Frau und sein Kind mit aufzuhängen, während die Ork-Menge johlte. [...] Jedenfalls scheint der erste Krieg der Maschinen seinem unschlüssigen letzten Kapitel entgegenzugehen – wonach leider jedermann nur ärmer ist, viele in Trauer oder verstümmelt und Millionen tot, und nur eines triumphiert: die Maschinen. Da die Knechte der Maschinen zur privilegierten Klasse werden, vermehrt die Macht der Maschinen sich ungeheuer. Welches ist ihr nächster Schritt? (Carpenter)**

Nach dieser Aussage ist es kein Wunder, dass *The Lord of the Rings* neben einer sehr ausgeprägten Naturliebe auch trotz aller heroisch beschriebenen Schlachten vor allem den Pazifismus und die Ablehnung universeller Macht verkündet. So ruft Gandalf seine Mitstreiter vor der großen Schlacht an den Toren Mordors zwar zu Kampfesmut und Durchhaltevermögen auf, doch weist er mehrmals vor den großen

Heerführern der Free Peoples darauf hin: „Victory cannot be achieved by arms" *(RK,* 184) [„Der Sieg kann nicht mit Waffen errungen werden" *(HR,* 884)]. Obgleich der Autor, wie zuvor in dieser Arbeit zitiert, bei unterschiedlichen Gelegenheiten darauf bestand, keine bewusste Allegorie in *The Lord of the Rings* eingebaut zu haben, ist er doch von seiner Zeit stark geprägt und beeinflusst worden, was sich unter den eben geschilderten Aspekten der Symbolik von Middle-earth vielfach erkennen lässt. Abschließend und überleitend zum nächsten Kapitel über die Kritik des Eskapismus in Tolkiens Werk möchte ich Charlotte Spivacks Stellungnahme zitieren, welche die behandelte Thematik sehr treffend erkennt:

Much more than a mere best seller, *The Lord of the Rings* was a spiritual construct for our materialistic time, a powerfully evocative symbol of what seemed to be wrong and what should be done about it. [...] As metaphor Frodo's quest to destroy the ring of power signalled a protest against the establishment: antiwar, antitechnology, antipower politics. Those rational adults who viewed the Middle Earth mania as mere adolescent escapism missed the point of devastatingly imaginative critique of our society. It is no coincidence that its popularity peaked during the Vietnam era. Since the force of its protest was symbolic rather than literal, its message was lost to the „realists". (Spivack)

The Lord of the Rings war weit mehr als ein bloßer Bestseller, er war ein spirituelles Wahrzeichen für unsere materialistische Zeit, ein machtvolles und vielschichtiges Symbol für alle Mängel und die Mittel zu ihrer Behebung. [...] Frodos Queste zur Zerstörung des Rings der Macht diente als Metapher für einen Protest gegen das Establishment: gegen den Krieg, gegen die Technologie, gegen die Machtpolitik. Diejenigen rational denkenden Erwachsenen, die in der Mittelerde-Mania bloßen jugendlichen Eskapismus sahen, erkannten die wahre Bedeutung von Tolkiens Werk nicht: nämlich eine vernichtende, phantasievolle Kritik an unserer Gesellschaft. Es ist kein Zufall, dass *The Lord of the Rings* den Höhepunkt seiner Popularität während des Vietnamkriegs erfuhr. Da die Kraft des Protestes eher symbolisch denn wörtlich aufzufassen war, erkannten die „Realisten" die Botschaft nicht.

4.3 Kritik an *The Lord of the Rings* und das Problem des Eskapismus

Im Frühjahr 1997 veröffentlichte die Buchladenkette Waterstone's in Zusammenarbeit mit Channel 4 in Großbritannien das Ergebnis einer nationalen Umfrage nach dem „Book of the Century", an der sich mehr als 25.000 Menschen beteiligt hatten. Das Ergebnis wurde in den kommenden Wochen von Nachfolgeumfragen des Daily Telegraph und der Folio Society („Favourite Book of any Century" [Beliebtestes Buch aller Zeiten]) bestätigt, die zusammen die Meinungen weiter zigtausend Briten einholten: *The Lord of the Rings* „came consistently top at almost every branch in Britain and in every region" [erschien an der Spitze der Beliebtheitsskalen aller literarischen Gattungen in ganz Großbritannien] (Pearce), vor Klassikern der modernen Literatur wie George Orwell's *Nineteen Eighty-four* oder Werken von Charles Dickens und Jane Austen.[18] Diese Ergebnisse entfachten erneut eine landesweite Diskussion zwischen Literaturkritikern um die Relevanz und Bewertung von Tolkiens Werk, die seit der Veröffentlichung von *The Lord of the Rings* in den Jahren 1954 und 1955 nie ganz zur Ruhe gekommen war.

W. H. Auden sagte dazu:

Niemand scheint gemäßigter Ansicht zu sein; entweder sehen die Leute darin wie ich selbst ein Meisterwerk seiner Gattung, oder sie können es nicht ausstehen." Und dabei sollte es bleiben, solange Tolkien lebte: höchstes Lob von der einen Seite, totale Verachtung von der anderen. (Carpenter)

Stellvertretend für die heutzutage teilweise noch immer vernichtenden Kritiken zitiere ich Susan Jeffreys aus der *Sunday Times*, die sich nach der Verkündung des Ausgangs der Wahl im Januar 1997 folgendermaßen äußerte:

Personally, [...] I won't keep the thing *[The Lord of the Rings]* in the house, but I have borrowed a boxed set for the purpose of this piece. It sits on the table like a horrible artefact, giving off a stale bedsitterish aroma. With its awful runes and maps and tedious indexes, the sight of it filled me with depression ... A depressing thought that the votes for the

world's best 20th-century book should have come from those burrowing an escape into a nonexistent world. (Pearce)

Ich persönlich möchte dieses Ding *[The Lord of the Rings]* nicht auf Dauer im Haus haben, aber ich habe mir eine Ausgabe im Schuber für das Verfassen dieses Essays ausgeliehen. Es hockt nun auf meinem Tisch wie ein grässliches Artefakt und gibt einen schalen, muffigen Geruch von sich. Sein Anblick mit den gräulichen Runen, Karten und ermüdenden Verzeichnissen deprimiert mich zutiefst ... Es ist ein deprimierender Gedanke, dass die Stimmen für das weltbeste Buch des zwanzigsten Jahrhundert von Lesern abgegeben wurden, die sich einen Fluchtweg hinein in eine nichtexistierende Welt wühlen wollen.

Die Lobeshymnen zur Verteidigung von Tolkiens Werk ließen selbstverständlich ebenfalls nicht lange auf sich warten, doch die auseinander gehenden Meinungen sind von auffälliger Radikalität und lassen sich zugleich auf das seit jeher bestehende, zwiespältige Verhältnis zwischen jeglicher Art von literarischer *Fantasy* und realistischem Roman zurückführen:

But it [magic] is also an underlying feature of Tolkien's Middle-earth: his secondary world is a world where Magic works. For some critics this ipso facto means that Tolkien's stories cannot be real literature, cannot be taken seriously. [...] There are some critics who see the current popularity of fantasy as a threat to the scientific outlook fostered by science fiction and as a manifestation of an escapist, unrealistic view of life. (Purtill)

Aber die Magie ist ein grundlegender Faktor in Tolkien Middle-earth: Seine Sekundärwelt ist eine Welt, in der Magie eine reale Wirkung hat. Für einige Literaturkritiker hat das die zwingende Folge, dass Tolkiens Geschichte keine wirkliche Literatur sei und demzufolge auch nicht ernstgenommen werden kann. [...] Es gibt Kritiker, die sind der Meinung, die gegenwärtige Popularität der Fantasyliteratur stelle eine Bedrohung für die wissenschaftliche Betrachtungsweise der Science Fiction dar und sei der Ausdruck einer eskapistischen, unrealistischen Lebensanschauung.

Während der realistische Roman also unsere greifbare Welt beschreibt, in der zum Teil unwahrscheinliche, jedoch niemals unvorstellbare Dinge passieren, greift das Genre der *Fantasy* auf einen phantastischen Fundus an Darstellungen, Entwicklungen und

Voraussetzungen zurück, der von unserer technologisch aufgeklärten und inspirierten Gesellschaft als unlogisch und demzufolge oftmals als sinnlos abgeurteilt wird. Die negativen Kritiken über *The Lord of the Rings* nach dessen Veröffentlichung sind daher zu einem Großteil auf die bereits vorhandene Aversion der Kritiker gegenüber dem Element der fiktiven Sekundärwelt mit all ihren Facetten und Eigenarten zurückzuführen.

Aus dem Chor der negativen, zum Teil vernichtenden Stellungnahmen nach 1954 ragt die Kritik von Edmund Wilson aus dem Jahr 1956 heraus, dessen Urteil über Tolkiens „Dämonologie" sich in seinen eigenen Worten als „juvenile trash" [Schundliteratur für Jugendliche] zusammenfassen lässt.

Andere Stimmen in Rezensionen großer englischer Zeitungen wie die von Edwin Muir „zeigte[n] sich aber tief enttäuscht über den Mangel an menschlicher Differenzierung und Tiefe" (Carpenter), Tolkien eine primitive Schwarz-Weiß-Malerei der Sekundärwelt und ihrer Bewohner vorwerfend. Aber auch die Urteile, wie von J. W. Lambert und John Metcalf in der *Sunday Times* „es gebe darin keinerlei religiösen Geist und keine Frauen oder „nur allzu oft gleitet Mr. Tolkien in einer Art Brauerei-Biblisch ab, verschnörkelt mit Inversionen, verkrustet mit Archaismen", zeigen deutlich die fehlende Beachtung der Middle-earth wie aufgezeigt innewohnenden und aussagekräftigen Symbolik. Dadurch wird dem gesamten Werk seine Ernsthaftigkeit abgesprochen.

Stellvertretend für diese achtlose oder zum Teil ignorante Einstellung seitens der Literaturkritik soll Peter Greenes Urteil aus dem *Daily Telegraph* stehen, der schrieb: „I presume it *[The Lord of the Rings]* is meant to be taken seriously, and I am apprehensive that I can find no adequate reason for doing so" [Ich gehe von der Annahme aus, der Autor von *The Lord of the Rings* wolle sein Werk ernstgenommen wissen, und es beunruhigt mich, dass ich keinen ausreichenden Grund dafür in der Trilogie entdecken kann].

Weitere wenig schmeichelhafte Attribute, mit denen *The Lord of the Rings* im Laufe der Zeit bedacht worden ist, sind unter anderem „paternalistic, reactionary, anti-intellectual, racist, fascistic, and, perhaps worst of all in contemporary terms, irrelevant" [patriarchalisch, reaktionär, antiintellektuell, rassistisch, faschistisch und, als vielleicht schlimmste Herabwürdigung in unserer heutigen Zeit, irrelevant] (Pearce), was einhergeht mit „the failure to understand the deeper meaning [which] results in an assumption that Tolkien's myth is ‚unrealistic' and ‚escapist'" (Pearce) [das fehlende Verständnis für die tieferen Bedeutungen führt zu der Annahme, dass Tolkiens Mythos ‚unrealistisch' und ‚eskapistisch' ist].

Vielleicht lässt sich gerade aus diesen Beispielen erkennen, warum *The Lord of the Rings* trotz seiner weltweiten Beliebtheit und einer Gesamtauflage von über 50 Millionen Exemplaren (Stand 2001), noch immer in literarischen Nachschlagewerken und im Lehrangebot an Schulen derart unterrepräsentiert ist „compared with his [Tolkien's] undoubted position as one of the most popular and influential writers of the twentieth century" [verglichen mit Tolkiens unstrittiger Stellung als einer der populärsten und Einflussreichsten Autoren des zwanzigsten Jahrhunderts] (Patrick Curry).

Die Vorwürfe, durch seine Schwarz-Weiß-Malerei von Gut und Böse rassistische oder faschistische Ansichten zu vermitteln, können leicht durch eine sorgfältige Analyse von Tolkiens Werken wie auch seine eigenen Stellungnahmen zu diesen Thematiken entkräftet werden, aber der immer wiederkehrende Vorwurf des Eskapismus, der nicht nur *The Lord of the Rings*, sondern die gesamte Fantasy seit jeher begleitet hat, soll im Zuge dieser Arbeit seine Betrachtung erhalten.

Der Vorwurf des Eskapismus beruht auf der Vermutung, dass in einem Roman durch das Verlegen der Handlung in eine Sekundärwelt, angereichert mit Fabelwesen wie bei Tolkien, sich der Leser geistig vor seinen Problemen in eine Art Traumwelt flüchtet, um so der Verantwortung in der Primärwelt zu entkommen. Tolkien hingegen behauptete, „dass Flucht einer der wichtigsten Zwecke des Märchens ist" (Tolkien), und seine Argumentation ist dabei auf die allgemeine *Fantasy* wie auf *The Lord of the Rings* anwendbar:

> **Im wirklichen Leben ist Flucht nur schwer zu tadeln, es sei denn, sie scheitert; für die Literaturkritik scheint sie um so schlimmer zu sein, je besser sie gelingt. [...] Warum einen Mann verachten, wenn er aus einem Gefängnis auszubrechen versucht, um nach Hause zu gehen? Oder wenn er, wenn ihm das nicht gelingt, an etwas anderes denkt und von anderem redet als von Gefängniswärtern und Gefängnismauern? [...] Mit Flucht, in diesem Sinn gebraucht, haben die Kritiker das falsche Wort gewählt; und mehr noch, in einem nicht immer gutgläubigen Irrtum verwechseln sie den Ausbruch des Gefangenen mit dem Abfall des Deserteurs. (Tolkien)**

In Bezug auf die Literatur sah Tolkien den Griff des Autors zu phantastischen Motiven als Antwort auf die zunehmend industrialisierte Welt, welche die wesentlichen Elemente der Natur an den Rand unserer Gesellschaft und Wahrnehmung drängt. Infolgedessen wird der Vergleich der Flucht aus einem Gefängnis, dem der Massenproduktion, Rationalisierung und unaufhaltsamen

Technologisierung, verständlich. Tolkien reagierte auf diese Entwicklungen mit unverhohlener Ironie, wenn er sagte: „Wie wirklich, wie erfrischend lebendig ist doch ein Fabrikschornstein im Vergleich mit einer Ulme, diesem armseligen, obsoleten Versatzstück aus einem läppischen Eskapistentraum!" (Tolkien)

Im Gegensatz zur abgestumpften, modernen Medienunterhaltung, wie Fernsehen beispielsweise, reiht sich Tolkiens *Fantasy* (und die ihm nachfolgenden *Fantasy*-Autoren) in die Tradition sinnhinterfragender Literatur ein, indem sein Werk in einen reflektiven Dialog mit dem Leser tritt. Durch den Gebrauch einer vorindustriellen Sekundärwelt wie Middle-earth mit all ihren Zaubern und mythologisch-märchenhaften Zügen entwirft Tolkien folglich kein Versteck für Menschen, die der Realität entkommen wollen, sondern führt sie an den mystischen Rand unserer eigenen Welt, von dem aus wir uns ein differenzierteres Weltbild der Primärwelt verschaffen können, denn „the myth he sub-created is not a flight *from* reality, but an escape *to* reality" [der Mythos seiner Zweitschöpfung ist keine Flucht *aus der* Realität, sondern eine Flucht *in die* Realität] (Pearce).

Dabei differenziert Tolkien klar zwischen verschiedenen Arten des Wandels, die das menschliche Leben beeinflussen. Obwohl die Entfremdung des modernen Menschen mit seiner Umwelt eine wichtige Rolle in der Entwicklung der *Fantasy* und in der Definition des Eskapismus spielt, ist Wandel an sich in Tolkiens Worten „die Entfaltung der Geschichte, und dies abzulehnen, ist natürlich gegen Gottes Plan" (Carpenter).

Demzufolge sieht Tolkien sich in der Verantwortung, mit seiner Art des Eskapismus der Leserschaft von *The Lord of the Rings* durch das Anbieten seiner zuerst fremdartig erscheinenden Sekundärwelt und ihrer gewaltigen Symbolik mögliche Visionen von verschiedenen Lebenseinstellungen zu liefern „with which to see the world, helping humanity to regain a clear view, to see things apart from and in relation to itself" [durch die man die Welt von einem neuen Standpunkt aus betrachten und der Menschheit helfen kann, wieder eine klare Sicht zu gewinnen und die Dinge im richtigen Zusammenhang zu sehen] (Elgin).

Die Ursache für diese Methodik, die Entwicklung unserer materiell-orientierten Gesellschaft, wird von Carl Gustav Jung folgendermaßen näher erläutert:

In dem Maße, wie unser wissenschaftliches Verständnis zugenommen hat, ist unsere Welt entmenschlicht worden. Der Mensch fühlt sich im Kosmos isoliert, weil er nicht mehr mit der Natur verbunden ist und seine emotionale

‚unbewusste Identität' mit natürlichen Erscheinungen verloren hat. Diese haben allmählich ihren symbolischen Gehalt eingebüßt. Der Donner ist nicht mehr die zornige Stimme eines Gottes und der Blitz nicht mehr sein strafendes Wurfgeschoß. In keinem Fluss wohnt mehr ein Geist, kein Baum ist das Lebensprinzip eines Mannes, keine Schlange die Verkörperung der Weisheit, keine Gebirgshöhle die Wohnung eines großen Dämons. Es sprechen keine Stimmen mehr aus Steinen, Pflanzen und Tieren zu dem Menschen, und er selbst redet nicht mehr zu ihnen in dem Glauben, sie verstünden ihn. Sein Kontakt mit der Natur ist verlorengegangen und damit auch die starke emotionale Energie, die diese Verbindung bewirkt hatte.

Dieser Verlust wird durch die Symbole in den Träumen [und Imaginationen] wieder ausgeglichen. Sie bringen unsere ursprüngliche Natur ans Licht – ihre Instinkte und eigenartige Denkweisen. Leider drücken sie jedoch ihre Inhalte in der Sprache der Natur aus, die uns fremd und unverständlich geworden ist. Daher müssen wir diese Sprache in die rationalen Worte und Begriffe unserer modernen Redeweise übersetzen, die sich von ihren primitiven Anhängen befreit hat, insbesondere von der mystischen Teilnahme an den Dingen, die sie beschreibt. Wenn wir heutzutage von Geistern und anderen numinosen Dingen sprechen, beschwören wir sie nicht mehr herauf. Die Kraft und die Herrlichkeit solcher einst mächtigen Worte sind vergangen.

Mit *The Lord of the Rings* hat Tolkien versucht, die besagte Kraft vergangener Worte und Mythen in einer ihm eigenen Vision und Symbolik auferstehen zu lassen, und sein „juvenile trash" [Schundliteratur für Jugendliche] hat in knapp fünfzig Jahren auf dem internationalen Buchmarkt eine unglaubliche Leserschaft von über fünfzig Millionen Menschen erreicht, so dass man unter Berücksichtigung der noch immer extrem kritischen und zum Teil recht abfälligen Urteile über *The Lords of the Rings* der Schlussfolgerung von C. S. Lewis zustimmen muss:

> The book is too original and too opulent for any final judgement on a first reading. But we know at once that it has done things to us. We are not quite the same men. And though we must ration ourselves in our re-readings, I have

little doubt that the book will soon take its place among the indispensables. (Pearce)

Das Buch ist zu schöpferisch und zu reich, um bei einer ersten Lektüre zu einem gültigen Urteil gelangen zu können. Aber wir ahnen sofort, dass es uns verändert hat, dass wir nicht mehr die gleichen wie vor der Lektüre sind. Und obwohl man sich zurückhalten muss, um das Buch nicht immerfort wieder von vorn zu beginnen, habe ich wenig Zweifel daran, dass dieses Buch bald seinen Platz unter den Werken, die wir als unentbehrlich empfinden, einnehmen wird.

4.4 J. R. R. Tolkien: Wegbereiter der ‚Fantasy' durch moralische Subreaction

Es gilt festzuhalten, dass J. R. R. Tolkiens *The Lord of the Rings* nicht das erste Buch seiner Art war, aber es lässt sich dennoch als Begründer des Genres der modernen Fantasy-Literatur bezeichnen, aus Gründen, die vielfältiger Natur sind. So ist an erster Stelle sicherlich der enorme kommerzielle Erfolg zu nennen, den die Veröffentlichung von *The Lord of the Rings* weltweit nach sich gezogen hat und der dadurch andere Autoren ermutigte und ihnen zugleich ein ideales Musterbeispiel zur Erschaffung einer Sekundärwelt lieferte.

Tolkiens Sekundärwelt Middle-earth in all ihrer Detailgenauigkeit, von der Entstehungsgeschichte der einzelnen Rassen in *The Silmarillion* bis hin zu exakt berechneten Mondzyklen oder unterschiedlichen Sprachen in *The Lord of the Rings* wirkt derart authentisch und plastisch, dass W. H. Auden zurecht schrieb, dass

> [n]o previous writer has, to my knowledge, created an imaginary world and a feigned history in such detail. By the time the reader has finished the trilogy, [...] he knows as much about Mr. Tolkien's Middle-earth, its landscape, its fauna and flora, its peoples, their languages, their history, their cultural habits, as, outside his special field, he knows about the actual world. (Nester)

Meines Wissens hat kein anderer Autor je eine imaginäre Welt und eine fiktive Geschichte mit solchem Detailreichtum geschaffen. Wenn ein Leser die Lektüre der Trilogie abgeschlossen hat [...], dann weiß er mehr über Tolkiens Middle-earth und dessen Landschaft, Flora und Fauna, Völker, Sprachen, Geschichte, Kultur als er, ausgenommen auf seinem Spezialgebiet, über die wirkliche Welt weiß.

Obwohl Tolkien sich von altbekannten Mythologien inspirieren ließ und zahlreiche Elemente daraus für seine imaginäre Welt übernahm, berühren seine individuellen Interpretationen und Innovationen in unterschiedlichem doch stets bemerkenswertem Maße lebensnahe Bereiche der Theologie, Mythologie, Geschichte, Geographie, Sprache, Schrift, Kalender, Heraldik, Musik, Flora, Fauna und Heldentypen.

Diese beeindruckende Spannbreite an bewusst entwickelten Sekundärweltbestandteilen eröffnet eine Auseinandersetzung zwischen Text und Rezipient über die von Carl Gustav Jung zuvor angesprochenen universellen Dinge des Lebens, was Brian Rosebury so erklärt:

> **Moral values can be derived from unchanging elements of human nature; such as reflective self-consciousness, the capacity to imagine and to reason, susceptibility to pleasure and pain, interdependence with other persons, interdependence with a non-human environment; or from elements which, if not invariable, represent such strong dispositions that they can weigh heavily in moral decision-making. (Rosebury)**

> Moralische Werte können von den unveränderlichen Gegebenheiten der menschlichen Natur abgeleitet werden, wie beispielsweise dem reflektierenden Selbstbewusstsein, der Vorstellungskraft und der Logik, der Empfänglichkeit für Freude und Schmerz, der Interaktion mit anderen Menschen und der nichtmenschlichen Umwelt, beziehungsweise von Gegebenheiten, die zwar nicht unveränderlich sind, wohl aber starke Neigungen repräsentieren, die einen wesentlichen Einfluss auf moralische Entscheidungen besitzen.

Es geht demgemäß bei der vermittelten Moral um geschlechter- und kulturübergreifende Thematiken, die entsprechend aus der Sicht von Nichtmenschen (der Hobbits) erfasst werden, was so eine nötige Distanz zur Überlegung für den Leser schafft.

Die Handlung von *The Lord of the Rings* endet schließlich in der Erfüllung der Queste, der Vernichtung des Ringes, doch geschieht dies unter schattenhaften Begleitumständen, die eine leicht getrübte Freude beim Leser aufkommen lassen, eine Hoffnung nicht ohne Zweifel. Trotzdem sah Tolkien im letztendlich glücklichen Ausgang der Geschichte, was er im Gegensatz zur tragischen Katastrophe als *Eukatastrophe* bezeichnete, den höchsten Zweck des Märchens indirekt und auch von *The Lord of the Rings*, denn die Eukatastrophe ist in ihrem sekundärweltlichen Rahmen „eine plötzliche und wunderbare Gnade" und ist insofern „Evangelium, gute Botschaft, und gewährt einen kurzen Schimmer der Freude, der Freude hinter den Mauern der Welt, durchdringend wie das Leid" (Tolkien).

Zusammenfassend für die erfolgte Analyse der behandelten Aspekte sind für die Konstituierung des Genres *Fantasy* folgende Elemente von grundlegender Bedeutung und Tragkraft:

1. Die literarische Subcreation einer fiktiven Sekundärwelt, mit fremdartigen Wesen, individueller Historie und sozialen Strukturen, um so eine reflektive Distanz zur Primärwelt zu erschaffen

2. Rückgriffe auf prä- oder postindustrielle Gesellschaftsformen und Mythologien; dadurch hervorgehobenes Naturverständnis

3. Unterstützung der „inner consistency of reality" [inneren Konsistenz der Realität] der Sekundärwelt, beispielsweise durch neuartige Sprachelemente oder Kartographie der fiktiven Landschaft

4. Reifeprozess der durchaus mit Schwächen versehenen Protagonisten durch Konfrontation mit der eigenen Schattenseite

5. Ausgeprägte Symbolik und Moral in der Handlung und Sekundärwelt, die unter anderem religiöser oder philosophischer Art sein kann

6. Vom Autor angestrebter Dialog mit dem Leser, der eine Rückbesinnung auf die eigene abgestumpfte Menschlichkeit in einer unaufhaltsam zunehmend technologisierten Umwelt zur Folge haben soll; dadurch Reflexion und Kritik bezüglich der modernen, industriellen Primärwelt

Diese Kriterien, durch den weltweiten Erfolg von Tolkiens Werk zu Standards geworden, erheben *The Lord of the Rings* zu einem Vorläufer des Genres *Fantasy*, gleichsam vorbildhaftes Beispiel für nachfolgende Autoren darstellend. Tolkiens zeitlose Symbolik trifft hier erneut auf den Mythosgedanken, welcher sich allein durch die Kraft der Imagination des Lesers frei entfalten kann, um so eine Rückbesinnung zu den ursprünglichen, natürlichen Wertvorstellungen menschlicher Existenz zum Umgang mit der eigenen Umwelt zu ermöglichen:

> *Lord of the Rings* concludes that humanity's behaviour and social structure must be based on the natural laws of the universe in which it finds itself, on the fact that it is a part of a larger system upon whose survival its own depends. (Elgin)

The Lord of the Rings drückt aus, dass das menschliche Verhalten und die menschliche Sozialstruktur auf den Naturgesetzen des Universums aufbauen müssen, in dem sich die Menschheit befindet; sie muss sich darüber klar sein, dass sie Teil eines größeren Ganzen ist und ihr Wohl vom Schicksal dieses Ganzen abhängt.

Diese Erkenntnis, sich als Teil und nicht als Beherrscher über die Welt anzusehen, ist für die Bewohner von Middle-earth ebenso essentiell überlebensnotwendig wie für den modernen Menschen, der sich im 21. Jahrhundert einer Welle an fremdartigen Technologien und Forschungen ausgesetzt sieht, deren mögliche destruktive Auswirkungen nicht abzusehen sind.

4.5 „Where many paths and errands meet. And whither then?" – Einfluss und Entwicklung des Genres der *Fantasy* seit *The Lord of the Rings*

Nach der ersten Veröffentlichung von *The Lord of the Rings* war in Amerika durch den Streit um eine nicht autorisierte Taschenbuchausgabe beträchtliches Aufsehen erregt worden, und dies hatte außerordentlich werbewirksame Folgen für Tolkiens Namen und sein Werk. Innerhalb weniger Jahre entwickelte das Buch Kultstatus, vorwiegend unter den Studenten, und sein Absatz wuchs ständig. *The Lord of the Rings* begann in der Literatur eine Lücke auszufüllen, die vor allem im Leben der jüngeren Generationen möglicherweise durch eine fehlende Mythen- und Märchenpräsenz in Schulen, aber primär auf die bereits erläuterten, inhaltlichen Besonderheiten von Tolkiens Werk zurückzuführen ist.

Ab den späten sechziger Jahren begannen sich Tolkiengesellschaften und Fanclubs an zahlreichen internationalen

Universitäten zusammenzuschließen, die sich mit der Welt von Middle-earth auseinandersetzten und ihre Gedanken durch Dissertationen auch in akademischen Kreisen allmählich etablierten.

Aus dem Kult entwickelte sich bald nach Tolkiens Tod 1973 ein lukratives Geschäft, welches unter der Schirmherrschaft seines Sohnes Christopher und der Firma „Tolkien Enterprises" mit *The Lord of the Rings* sämtliche nur erdenkliche Merchandisingverfahren auszutesten begann, stets darauf bedacht, den Geist des Werkes so rein wie möglich zu erhalten, was in der realen Geschäftswelt nur sehr bedingt zu verwirklichen ist.[19]

Mittlerweile existieren beispielsweise Computer-, Brett-, Schach- und Kartenspiele, Sammelfiguren, Comics, Hörspiele, sowie zahllose Poster und Textilvariationen, die Motive aus *The Lord of the Rings* für sich nutzen. Allgemein gesellschaftliche Auswirkungen lassen sich in der bereits erwähnten veränderten Schreibweise von *dwarves* im Englischen, dem Angebot von Tolkien-Fonts im Microsoft Publisher oder aber der größten Filmtrilogie, die je in der südlichen Hemisphäre gedreht worden ist und die mit einem Budget von über 200 Millionen Millionen Dollar pro Film Ende 2001 in die weltweiten Kinos kam, aufzeigen[20].

Doch unabhängig von diesen Entwicklungen hat *The Lord of the Rings* vor allem die internationale Literatur nachhaltig beeinflusst, wurde es doch in über 25 Sprachen übersetzt. Neben einigen wenigen Ausnahmen brach erst durch das Aufkommen von *Fantasy*-Rollenspielen wie *Dungeons & Dragons* in den späten siebziger Jahren und der damit verbundenen Suche nach geeigneten Archetypen der *Fantasy* eine Welle an Tolkiennachfolgern aus, welche sich am Modell von *The Lord of the Rings* orientierten und rasch einen jungen Zweig der Unterhaltungsliteratur mehr mit Masse als mit Qualität zu füllen begannen, was dem jungen Genre der *Fantasy* und seinen zahlreichen Untergenres, wie zum Beispiel der sehr stereotypen *Sword & Sorcery*, einen zweifelhaften Ruf verlieh:

> **Die Publikationsform als Taschenbuch, die Tendenz zu Serie und Fortsetzung, speziell in der Form der Trilogie, und der schnelle Publikations- und Übersetzungsrhythmus verweisen sie [die *Fantasy*] in den Bereich der Zerstreuungs- oder Populärliteratur. [...] so würden 90% der veröffentlichten Texte unter das Verdikt der Trivialität fallen; so führt die quantitative Explosion [...] zu immer größerer Normierung und Trivialisierung. (Tschirner)**

Aber unabhängig von der Qualität der *Fantasy* nach Tolkien ist es ohne Zweifel, dass dessen Ideen und Visionen, so verzerrt und seltsam sie in manchem *Fantasy*-Roman auch daher kommen, zahlreich adaptiert wurden, so dass „his creations, such as ents and hobbits, now constitute a canon of fantasy lore" [seine Schöpfungen wie Ents und Hobbits jetzt zum Kanon der Fantasyliteratur gehören] (Garbowski). Helmut W. Pesch unterscheidet „Tolkiens Erben" nach Imitationen, Adaptionen, Variationen und Innovationen, je nachdem, welche Elemente aus Middle-earth übernommen worden sind und inwiefern diese verändert und neu interpretiert wurden. Bekannteste und erfolgreichste Nachfolgeautoren sind unter anderem Terry Brooks, Joy Chant, Stephen Donaldson, Ursula LeGuin, Tad Williams oder Terry Pratchett.

Doch der Markt ist seit den 1960er und 1970er Jahren mittlerweile derart gewachsen, dass eine repräsentative Auswahl im Rahmen dieser Arbeit kaum zu verwirklichen ist, da selbst so ausgefallene Parodien wie beispielsweise die Werke von Terry Pratchett mit seiner Discworld auf das Erbe Tolkiens zurückgreifen und archetypische *Fantasy*-Muster karikieren, die sich erst durch *The Lord of the Rings* als Standards im Genre *Fantasy* etabliert haben.

Of course the success of *The Lord of the Rings* gave rise to a pattern for a whole genre of fantasy writing involving quests by people of several races loosely based on folklore peoples, simply by impressing authors and raising certain expectations in the audience. Some have seen Tolkien's influence in Alan Garner's *The Weirdstone of Brisingamen*, which apparently (I do not know at first hand) did not impress Alan Garner.[21]

Wie allgemein bekannt ist, rief der Erfolg von *The Lord of the Rings* das Schema für ein neues Genre, die Fantasyliteratur, ins Leben, in dem Helden verschiedener Rassen, die auf Völkern der Sagen basieren, auf eine Queste ausziehen; dies gelang, indem Tolkiens Werk eine Reihe von Autoren zur Nachahmung anregte und bei den Lesern eine gewisse Erwartungshaltung schuf. Einige Literaturkritiker wollen sogar Tolkiens Einfluss in Alan Garners *The Weirdstone of Brisingamen* wahrgenommen haben, wovon aber (was ich allerdings nicht aus erster Hand weiß) Alan Garner nicht sonderlich beeindruckt gewesen sein soll.

In diesem Zusammenhang ist Terry Brooks' *The Sword of Shannara* [dt. *Das Schwert von Shannara*] (1977) zu nennen, denn es weist schon bemerkenswert deutlich adaptive Momente auf, „indem es sich in seinen Figuren und Handlungsstrukturen sehr eng an den Herrn der Ringe anlehnt" (Pesch) und sich so in eine literarische Tradition der Nachfolger Tolkiens einreiht, welche „die Handlung von *LOTR* mit nur geringfügigen Modifikationen wie mit einer Schablone Punkt für Punkt übernehmen (als repräsentatives Beispiel sei hier Terry Brooks *The Sword of Shannara* genannt)" (Nester).

The nature of the influence might not be agreed by the authors (GG Kay was introduced last year at a British SF conference as someone who took up writing fantasy because he was tired of fantasy writers who were copying Tolkien, and he was listening, so it must be true) but these are all books [Brooks, Donaldson, Guy Gavriel Kay] that people have mentioned as being structurally or in some other way apparently influenced by Tolkien's works.[22]

Der Grad dieses Einflusses könnte von den Autoren bestritten werden (Guy Gavriel Kay wurde letztes Jahr auf der British SF conference als ein Autor vorgestellt, der deshalb begann, Fantasyliteratur zu schreiben, weil er nicht länger Fantasyromane lesen wollte, die Tolkien getreu kopieren; da er auf der Konferenz anwesend war, muss diese Aussage wohl zutreffen), aber all diese Bücher [Brooks, Donaldson, Kay] wurden von Literaturkritikern unter die Werke eingeordnet, die strukturell oder in anderer Weise von den Werken Tolkiens beeinflusst wurden.

In diesem Sinne weisen Kommentare auf den Klappentexten zahlreicher anderer Autoren moderner *Fantasy* zwar auf einen qualitativen Vergleich zu Tolkiens *The Lord of the Rings* hin, doch lassen sich die Ähnlichkeiten wie bei Stephen Donaldson und seiner Trilogie *The Chronicles of Thomas Covenant, the Unbeliever* (1977) auf Details wie die beigefügte Karte der Sekundärwelt, das Ringmotiv, der personifizierten Verlockung durch das Böse oder einer starken Natursymbolik reduzieren. Ebenso muss Donaldsons Protagonist, vergleichbar mit Frodo und Gollum, sich seiner eigenen verkörperlichten dunklen Seite stellen, „and so the internal struggle to deal with those needs/problems/exigencies is played out as an external struggle in the action of the story" [und so wird dieser innere Kampf mit seinen Bedürfnissen, Problemen und Nöten als äußerer Kampf in der Handlung der Erzählung ausgeformt] (Stephen Donaldson).

Im Unterschied zu Tolkien hat Donaldson dabei eine klare und bewusste Allegorie zur Primärwelt geschrieben, die zudem Primär- und Sekundärwelt innerhalb der Handlung konkret miteinander verbindet.

Aber selbst Autoren der achtziger und neunziger Jahre des letzten Jahrhunderts wie Tad Williams *(The Dragonbone Chair* [dt. *Der Drachenbeinthron])* bekennen sich öffentlich dazu, dass *The Lord of the Rings* zu einem festen Bestandteil der eigenen Jugend zählte und die eigenen Beziehungen zur Natur oder Religion spürbar verändert hat. Auch Matt Ruffs satirisches Kultbuch *The Fool on the Hill,* 1988 erschienen, greift auf Tolkien als anerkannte Ikone der *Fantasy* zurück und präsentiert ein in die Handlung eingebundenes Tolkienhaus, in dem reale Artefakte aus Middle-earth gesammelt werden und welches einige der Zauber von Tolkiens Welt, wie Galadriels Spiegel beispielsweise, in der realen Welt manifestieren lässt.

Ebenso basieren viele Parodien der *Fantasy,* wie die zahllosen Werke von Terry Pratchett, auf einem Verständnis von moderner *Fantasy,* welches erst durch Tolkien und der ihm nachfolgenden Tradition sowie dem Konformismus in Rollenspielen oder Serien*fantasy* geprägt worden ist.

Als ein weiteres mit *The Lord of the Rings* verglichenes und mehrfach ausgezeichnetes Meisterwerk der *Fantasy* gilt Ursula LeGuins *Earthsea* (1968-1972). LeGuin ist ein hervorragendes Beispiel, um zu zeigen, wie in der *Fantasy* Schlüsselelemente und Konstrukte aus Tolkiens Buch übernommen, umgewandelt und in eine vollkommen eigene und dabei unglaublich tiefschürfende Symbolik eingebaut worden sind. Ihre Trilogie „traces the career of a wizard from boyhood through maturity when he becomes an archmage. The major lesson he learns from his training is *not* to use the magical power he possesses" [zeichnet den Werdegang eines Magiers von der Kindheit bis zu seiner Reife und zu der Erringung des Grades eines Erzmagiers. Die wichtigste Lehre, die er zieht, ist die, seine magischen Kräfte *nicht* zu gebrauchen] (Spivack), was die Autorin, und somit auch Tolkien und seine Symbolik, an den Beginn femininer *Fantasy*strukturen setzt, in der „power for the sake of power is denounced in favor of living and letting live" [Macht um der Macht willen wird zurückgewiesen zugunsten des Prinzips zu leben und leben zu lassen] (Spivack).

Wie *The Lord of the Rings* greift auch LeGuin in der Kreation ihrer Sekundärwelt auf die nordische Mythologie zurück, fügt der Welt eigene Sprachelemente bei, kartographiert diese, lässt ihre Protagonisten einen Reifeprozess durchlaufen, der schließlich im Naturverständnis und der Verantwortung gegenüber der fiktiven Welt gipfelt, und konfrontiert ihren Helden Ged, den jungen Magier, mit seiner personifizierten Schattenseite. Die Parallelen zur Frodo-Gollum-Beziehung und der vergleichbare Ausgang der Charakterentwicklungen in beiden Büchern sind unübersehbar:

Ged, who has realized the responsibility he has acquired by loosing the evil, „It is my creature", finds it; and able to name it with his own name, Ged, comes to terms with it – with himself. For the shadow was merely him, his own dark side. This journey was necessary because without it he was incomplete. Without his shadow, he lacked the Balance, the Equilibrium. He was not whole. [...] Ged truly comes full circle. [...] Ged begins virtually powerless because he doesn't know his power; he ends powerless because he has used all of his power. The Equilibrium is restored: Ged closed the door of darkness, but, in the process, he depleted his strength. (Jan Griffin)

Ged nimmt die Verantwortung für das Böse an und erkennt, dass es seine eigene Schöpfung ist. Indem er es mit seinem eigenen Namen, Ged, bezeichnet, kann er das Böse in sich selbst bezwingen. Denn der Schatten war er selbst, seine eigene dunkle Seite. Diese Reise war notwendig, da ohne sie seine Persönlichkeit unvollständig geblieben wäre. Ohne seinen Schatten war sein Ich nicht ausgewogen, es war kein Ganzes. [...] Ged vollendet seinen Weg und kehrt zu seinen Ursprüngen zurück. [...] Ged beginnt ohne magische Kräfte, da er seine eigenen Fähigkeiten nicht kennt; er endet ohne magische Kräfte, da er sie verbraucht hat. Das Gleichgewicht ist wiederhergestellt: Ged hat das Tor der Finsternis geschlossen, dabei aber seine Kräfte aufgebraucht.

Wie Tolkien nutzt LeGuin auch ihre Subcreation, um ihren religiösen Wertvorstellungen Raum zur Entfaltung zu verschaffen, welche sich unterschwellig in der Symbolik der Welt manifestieren, doch ist ihr Ansatz im Gegensatz zu Tolkien ein taoistischer, kein christlicher.

Ursula LeGuin systematically undermines the reader's preconceptions in order to start, in her secondary world, from a *tabula rasa*, not only with regard to setting and culture but also – unlike Lewis – with regard to spiritual beliefs. Something of the same process can be seen at work in J. R. R. Tolkien's *The Lord of the Rings*, although more Christian parallels may be found there. Tolkien, however, avoids the issue of life after death for the mortal creatures of Middle-earth, and does not examine as searchingly as Ursula LeGuin the relationship between death and life. (Swinfen)

Ursula K. LeGuin geht systematisch gegen die vorgefassten Meinungen des Lesers über eine Fantasygeschichte an, um in ihrer Sekundärwelt mit einer *tabula rasa* beginnen zu können, nicht nur in Hinblick auf Szenerie und Kultur, sondern auch – anders als Lewis – in Hinblick auf religiöse Vorstellungen. Den gleichen Vorgang kann man auch in J. R. R. Tolkiens *The Lord of the Rings* beobachten, wenn man auch in diesem Werk mehr Parallelen zum christlichen Glauben findet. Tolkien vermeidet jedoch das Thema des Lebens nach dem Tode für seine sterblichen Wesen in Middle-earth und untersucht die Verbindung zwischen Leben und Tod nicht so nachdrücklich wie Ursula K. LeGuin.

LeGuin greift ebenso wie Tolkien auf unsere unterbewussten Ängste und Zweifel zurück, präsentiert diese in der sichtbaren Handlung und lässt somit *Earthsea* zu einem „uncomfortable work" [unbequemen Werk] werden, das „no final solutions, no easy reassurances, certainly no Paradise" [keine endgültigen Lösungen, keine einfachen Tröstungen und ganz gewiss kein Paradies] anbietet (Swinfen). LeGuins Trilogie hat durch ihren Erfolg eine ähnliche Vorbildfunktion wie *The Lord of the Rings* erhalten, doch im Gegensatz zu Tolkien nicht direkt für das Genre sondern eher für Autorinnen, die durch die angebotenen Möglichkeiten der Neuschöpfung in der *Fantasy* einen Weg fanden, ihre emanzipierten Ansichten über die Zustände in unserer Welt eine Form der Entfaltung zu geben:

> **[T]hey [contemporary women writers] carved out a distinctively feminine domain in this area of fiction so long dominated by male writers. They have in fact modified fantasy fiction in ways that are not only unconventional but subversive. Their message is *Change*. [...] The enchanted quest for contemporary women writers is a quest for change on the social as well as the individual level, and it is a distinctively feminine quest. Our change is in gender roles. (Spivack)**

Die zeitgenössischen weiblichen Autoren haben sich in der früher von Männern dominierten Fantasyliteratur einen eigenen Bereich geschaffen. Sie haben sogar diese Literaturgattung in einer Art und Weise verändert, die nicht nur unkonventionell, sondern sogar subversiv zu nennen ist. Ihre Botschaft lautet *Veränderung*. [...] Für die zeitgenössischen weiblichen Autoren ist die magische Queste vor allem eine Suche nach sowohl sozialer als auch individueller

Veränderung, und es ist eine definitiv weibliche Queste. Wir verändern die geschlechtsspezifische Rollenverteilung.

Spivack beschreibt hier eine „feminine quest" [weibliche Queste], die allerdings gleichzusetzen ist mit einer feministischen Einstellung von Autorinnen und Autoren, denn durch die Möglichkeit einer totalen Neuschöpfung anhand der Sekundärwelt können seitens des Autoren geschlechterspezifische Denkstrukturen und -blockaden sowie konservative soziale Traditionen aufgebrochen und neuartig zusammengesetzt werden, um so wiederum als Reflexion und Spiegel für die Primärwelt zu funktionieren. Hierbei kann das Feminine wie auch das Feministische eine Umgestaltung sowohl in Hinsicht auf Tradition und Entwicklung als auch auf Bedeutung und Tragweite erfahren. Dasselbe gilt natürlich auch für das Maskuline.

Aber natürlich gibt es auch negative Auswirkungen von Tolkiens *Fantasy*, die zum Teil durch gravierende Fehlinterpretationen des *The Lord of the Rings* entstanden. Als ein Beispiel kann man die zwanghaft sexuelle Auslegung der Symbolik und Thematik in *The Lord of the Rings* von Brenda Partridge nennen („No Sex Please – We're Hobbits: The Construction of Female Sexuality in *The Lord of the Rings*") *[keinen Sex bitte – Wir sind Hobbits: Die Konstruktion weiblicher Sexualität in *The Lord of the Rings*]. Darin glaubt Partridge metaphorische Phallussymbole, weibliche Genitalien und Anspielungen auf Geschlechtsakte überall in Tolkiens Handlung zu entdecken (umrissen und kritisiert bei Pearce).

Solche sicherlich kreativen doch nicht unbedingt zutreffenden Interpretationen haben zusammen mit anderen gesellschaftlichen Entwicklungen zu einer seltsamen, körperlich-sexuellen und oftmals diskriminierenden Darstellung von Männern und Frauen in der modernen *Fantasy* geführt, die außer idealisiertem Körperbau und stereotypen Attributen der Figuren nicht mehr viel mit innovativen und eine Moral vermittelnden Originalen wie *The Lord of the Rings* zu tun haben (vgl. die Beschreibung der *Sword & Sorcery* bei Tschirner).

> **Such ‚fantasy', so prevalent today in comics, computer games and films, as well as in fiction, are imitations of Tolkien which are as much a travesty of the original as are orcs to elves. (Pearce)**
>
> Diese Art von ‚Fantasy', die heute die Comics, Computerspiele, Filme und nicht zuletzt die Literatur dominiert, ist als Imitation von Tolkien eine ebensolche Travestie des Originals wie es Tolkiens Orks im Vergleich zu seinen Elben sind.

Trotz allem kann man solch eine Entwicklung zumindest in Ansätzen auf Tolkiens *The Lord of the Rings* zurückführen, aus dessen Text in der modernen *Fantasy* (sei es Literatur oder eine andere Kunstform) oftmals zahlreiche Elemente wie die Darstellung von Hobbits, Elben und Orks übernommen worden sind, die sich so im Laufe der Jahre zu Stereotypen entwickelt haben. Allerdings kann brutale und sexuell provokante *Fantasy*, wie die *Sword & Sorcery* beispielsweise, ebenso als Rückgriff und als fragwürdige Umgestaltung des traditionellen Abenteuerromans angesehen werden.

4.6 Zusammenfassung

Die veranschaulichte Dichte und Aussagekraft der Symbolik von *The Lord of the Rings* zeigt, dass hinter der Oberfläche einer Abenteuergeschichte eine sehr komplexe Subcreation steht, die durch ihre Überzeugungskraft dem Rezipienten nicht nur eine christlich-orientierte Moral sondern vor allem eine Rückführung zu den Wurzeln menschlicher Existenz anbietet, indem sie, eine deutliche Allegorie vermeidend, in einen kritischen Dialog mit der Primärwelt tritt:

> **For some authors, the writing of fantasy has provided the most satisfactory mode of expressing their ideas about the contemporary world and contemporary values. [...] Fantasy, it has been argued, is not escapism but a method of approaching and evaluating the real world. (Swinfen)**

> Für einige Autoren ist das Verfassen von Fantasyliteratur zur zufriedenstellendsten Methode geworden, ihre Vorstellungen über die heutige Welt und ihre Werte auszudrücken. [...] Fantasyliteratur, so wird argumentiert, ist kein Eskapismus, sondern eine Vorgehensweise, um die Realwelt zu erkunden und zu bewerten.

Diese von Swinfen erwähnte Methodik, die Primärwelt durch die Symbolik einer Sekundärwelt neu zu beleuchten und zu bewerten, verweist nicht nur die Kritik des Eskapismus auf die Plätze, da statt einer Flucht vor der Realität diese durch die Kreation einer mythologisch-symbolisch angereicherten Sekundärwelt näher beleuchtet wird. Dies kann einen Zuwachs an Selbsterkenntnis für den Leser bedeuten, was wiederum zur Erweiterung des Bewusstseins und einem Stück wiedererworbener Freiheit führt.

Es lässt sich festhalten, dass durch den Erfolg von *The Lord of the Rings* nachkommende Generationen von Autoren nachhaltig beeinflusst wurden, wobei die wenigen herausragenden sich von ihren Vorbildern inspirieren ließen, jedoch die Kraft der Neuschöpfung innovativ und interpretativ in Anspruch genommen haben, denn auch Tolkiens literarische Erben sind Kinder ihrer Zeit und in ihrem Denken der eigenen sich stets verändernden Umwelt unterworfen.

It is J. R. R. Tolkien who is most responsible for the critical attention which has been given to the fantasy tradition within the last thirty years. *The Hobbit* **and** *Lord of the Rings* **stand out as the prime examples of fantasy with which most twentieth-century readers are familiar. That being so, it is fortunate that his work is a masterpiece by any standard. (Elgin)**

Es ist vor allem J. R. R. Tolkien zu verdanken, dass die Fantasyliteratur in den letzten dreißig Jahren so viel Aufmerksamkeit durch die Literaturkritiker erfahren hat. *The Hobbit* und *The Lord of the Rings* gelten als die Musterbeispiele dieser Literaturgattung, die den meisten Lesern des zwanzigsten Jahrhunderts bekannt sind. Insofern dürfen wir uns glücklich schätzen, dass Tolkiens Werk ein Meisterwerk der Literatur darstellt, nach welchen Maßstäben man es auch immer messen mag.

So ist zusammenfassend zu sagen, dass ohne die Vorreiterrolle von *The Lord of the Rings* nachfolgende Schriftsteller möglicherweise nicht so schnell eine derartige Plattform und Anerkennung erhalten hätten, wie es seit den 1960er Jahren bis heute geschehen ist.

5. Vom Mythos zur Entstehung eines Genres

"For not we but those who come after will make the legends of our time!" (TT, 39)

„Denn nicht wir, sondern jene, die nach uns kommen, werden die Sagen unserer Zeit erschaffen." (HR, 442)

5.1 Tolkien – Vom Erbe alter Mythen zum eigenen Mythos für die moderne ‚Fantasy'

Quantitativ stehen die Vereinigten Staaten von Amerika mittlerweile an erster Stelle, wenn es um die Produktion und Verbreitung von *Fantasy*-Literatur geht, doch zugleich erntet das Genre auch in Amerika seine schärfsten Kritiken. Diese Ambivalenz hat ihre Ursache wahrscheinlich in der relativ jungen Geschichte dieses Landes, dessen Bewohner auf der einen Seite für neuartige Mythologien empfänglich sind: „They [the Americans] have been conscious of building and living in the shadow of their own myths and legends" [Die Amerikaner waren sich stets bewusst, dass sie im Schatten ihrer eigenen Mythen und Legenden lebten] (Mathews). Doch auf der anderen Seite haben sie sich auch ihr kulturelles Erbe erhalten: „from Puritans and the Enlightment, combined with our national devotion to pragmatism and materialism" [von den Puritanern und der Aufklärung, verbunden mit unserer speziellen Neigung zu Pragmatismus und Materialismus] (Spivack), was wiederum rationale Denkmuster fördert, welche die Grundlage für Eskapismusvorwürfe liefern, dadurch der *Fantasy* aufgrund ihrer fiktiven Landschaften und märchenhaften Kreaturen keine Bedeutung beimessend.

Aber gerade diese Entwürfe von Sekundärwelten und ihrer individuellen Symbolik jedoch legitimieren die *Fantasy* innerhalb ernstzunehmender Literatur, stellen sie doch in allegorischer oder übertragbarer Form eine Möglichkeit der Reflexion und der Kritik der realen Welt dar.

> Tatsächlich ist es [...] mit der inhaltlichen Geschlossenheit der Fantasy-Welt [...] gar nicht so weit her; denn diese steckt voller Anachronismen, weil sie ihrerseits auf die Erfahrungswelt des Lesers ausgerichtet ist, und sei es nur in der Verneinung. Es ist geradezu bemerkenswert, wie resistent die ‚suspension of disbelief' auf Seiten des Lesers gegen diese Art von Geschlossenheit ist; dies erklärt sich daraus, dass es sich dabei eben nicht um eine vorbehaltslose Identifikation handelt, sondern um eine quasi dialektische Auseinandersetzung zwischen Leser und Text. So erfährt die Fantasy ihre innere Legitimation letztendlich daraus, dass sie keine alternative Realität darstellt, sondern Fiktion, Literatur ist, mit allen sich daraus ergebenden Konsequenzen. (Pesch)

Diese Komponente des kreativen und sinnhinterfragenden Dialogs zwischen der zuerst fremdartigen Handlung in der jeweiligen *Fantasy*-Welt und dem Leser zeichnet die moderne Fantasy aus, dabei zurückgreifend auf literarische Elemente wie das Vorhandensein einer detaillierten Karte der Sekundärwelt, neu erfundenen Sprachelementen oder der Konzentration auf die psychologische Entwicklung und das Wachstum des Protagonisten mittels Konfrontation mit den eigenen dunklen Seiten. Dies differenziert die moderne *Fantasy* wiederum von ihren literarischen Begründungsformen: Mythos und Märchen.

Auch die antimoderne Einstellung in Bezug auf Industrialisierung, Technologisierung, wachsenden Rationalismus oder undemokratische Vermassung der Gesellschaft kann als Kennzeichen der *Fantasy* gedeutet werden, ausgedrückt durch die Kreation einer andersartigen Sekundärwelt.

Im Idealfall wirft diese durch ihre symbolische oder allegorische Sprache ein kritisches Licht auf unsere Primärwelt und hat somit eine tiefergehende Moral zu vermitteln. Peter Beagle, Autor von *The Last Unicorn* [dt. *Das letzte Einhorn*], vertritt die Meinung „however marvelous the journey, fantasy always brings us back to our own world and to ourselves" [wie immer wundersam die Reise auch ist, die Fantasy bringt uns immer zu unserer eigenen Welt und zu uns selbst zurück] (Sullivan), ein Element, das am Ende von *The Lord of the Rings* stark verdeutlicht wird:

> **The unfolding of Tolkien's time scheme brings him inevitably from the world of myth to that of human history. The nonhuman ‚speaking peoples' pass to the West, die, or retreat into silence, and the story ends when all the ‚faerie' potentials of Tolkien's plan have been, or are about to be, exhausted. At**

the trilogy's end, therefore, we are in some sense in the present-day world. We are, at least, out of the world of faerie. (Lionel Basney)

Die geschichtliche Entwicklung, die Tolkien in seinen Werken beschreibt, führt unweigerlich aus der Welt der Mythen in die der realen Geschichte. Die nichtmenschlichen ‚sprachkundigen' Völker ziehen nach Westen, sterben oder ziehen sich in die Stille zurück, und die Geschichte endet, als alle übernatürlichen Potentiale erschöpft sich oder dabei sind, sich zu erschöpfen. In gewisser Weise endet die Trilogie in unserer Gegenwart. Wir haben die Welt des Übernatürlichen verlassen.

So verwendet der Autor der modernen *Fantasy* für die Vermittlung einer Moral oder Botschaft die Transformation seiner Handlung in eine Sekundärwelt, welche wiederum durch ihren phantastischen Symbolismus eine Veränderung beim Leser erwirken soll, denn genau dieser Symbolismus der *Fantasy* „present[s] the unseen world, whether it's the world of the spirit, or the world of our own psyches" [repräsentiert die unsichtbare Welt, sei es die übernatürliche oder die unserer eigenen Psyche] (Siegel).

Natürlich muss die fiktive Sekundärwelt in sich stimmig und überzeugend konstruiert sein, denn nur so kann eine mögliche Botschaft ernst genommen werden. Randel Helms sagt dazu, „es ist leicht, eine grüne Sonne zu machen; die Schwierigkeit beginnt erst, wenn man versucht, eine Welt zu bauen, in der eine grüne Sonne einen Sinn hat" (Helms).

Obwohl Tolkien bei *The Lord of the Rings* auf die Thematik der Sexualität und geschlechtlichen Liebe größtenteils völlig verzichtet und diese nur in absolut idealisierter und fast schon heiliger Form in sein Middle-earth Epos einbaut, hat sich die *Fantasy* im Gegensatz zu vielen anderen eben erwähnten symbolischen Komponenten in diesem Punkt doch weit von ihrem Begründer fort entwickelt, was sicherlich auf die gesellschaftliche Entwicklung seit den 1950er Jahren zurückzuführen ist.

Mit der voranschreitenden Emanzipation der Geschlechter in den westlichen Industriestaaten konnte sich auch die moderne *Fantasy* weiter entwickeln. Die schöpferische Freiheit beim Entwerfen von Sekundärwelten mag vor allem Frauen dazu veranlasst haben, ihre schriftstellerische Kreativität im Genre der *Fantasy* auszuleben, denn in einer innovativen Sekundärwelt können stereotype Frauenbilder und Geschlechterbeziehungen aufgespalten, verändert und neu interpretiert werden.

Ebenso bietet die *Fantasy* einen Weg, die Ursachen für festgefahrene oder unzeitgemäße (weil nicht emanzipierte) Geschlechterrollen aufzuzeigen und dem Leser vollkommen neue Vorstellungen anzubieten. Ursula LeGuin beispielsweise „employs the secondary world of Earthsea in order to create a new scale of values, and to wipe out given assumptions about religious beliefs and the meanings and use of words. Something so radically new and creative could only be done in a secondary world" [benutzt die Sekundärwelt von Earthsea, um eine neue Werteskala zu schaffen und alle vorgefassten Meinungen über Religion und den Gebrauch der Sprache zu beseitigen] (Swinfen). Und genau wie LeGuin mit ihren religiösen Überzeugungen in Earthsea verfährt, so können auch sexuelle Ansichten und Traditionen innerhalb der Fantasy radikaler umgestaltet werden als es im realistischen Roman möglich wäre.

Zusammengefasst zeigt sich in den wenigen herausragenden Werken moderner, ernsthafter *Fantasy* eine zu allen Seiten unbegrenzte Möglichkeit, unterbewusste Phänomene wie auch real existierende Verhältnisse zu analysieren und zu kommentieren, indem der Leser auf eine imaginative Reise durch etwas vollkommen fremdartig Erscheinendes geführt wird. Bedeutende Autoren wie J. R. R. Tolkien oder Ursula LeGuin haben diese Gelegenheit erkannt und, sei es bewusst oder unbewusst geschehen, in die spannende Handlung ihrer Geschichten eingebaut.

Natürlich erlaubt die Komplexität und der Symbolismus der Sekundärwelt unterschiedliche Interpretationen seitens der Rezipienten, doch entsteht gerade aus dieser freien Aufnahme der durch die Symbolik vermittelten Wertvorstellungen ein Dialog, der durch die Darstellung einer außergewöhnlichen und zumeist vorindustriellen Sekundärwelt zur Rückbesinnung auf die eigene menschliche Natur führen kann.

Wie gezeigt, schöpfte J. R. R. Tolkien seine Inspiration und Motivation für *The Lord of the Rings* sowohl aus altertümlichen Mythologien und seiner Leidenschaft für Sprache, wie auch aus einer ihn nicht unbeeindruckt lassenden düsteren Gegenwart des 20. Jahrhunderts. Die in seine Welt Middle-earth eingebrachte Symbolik ist deutlich von christlichen Prinzipien und Wertvorstellungen geprägt, lässt sich aber bei weitem nicht darauf reduzieren, sondern wird vielfach ergänzt durch die Schilderung und Interpretation menschlicher Moralvorstellungen, die in ihrer Ursprünglichkeit geschlechter- und kulturübergreifend sind.

Die beeindruckende Genauigkeit und Komplexität seiner Sekundärwelt reibt sich mit den traditionellen Vorstellungen von Märchenwelten, und insofern ist es nicht verwunderlich, dass Tolkiens

Werk seit seiner Veröffentlichung für reichlich Gesprächsstoff und extrem getrennte Meinungen in Bezug auf den literarischen Wert und die Einordnung sorgte.

In diesem Sinne schließe ich mich unter Berücksichtigung der zuvor erläuterten Thematiken der Meinung Christopher Garbowskis an, der sagt:

> **Significantly, the number of genres that are explored to convey this world [Middle-earth] (novel, verse, fictional essay, etc. – and a children's story to boot!) simply cannot contain it. To the chagrin of the traditional literary critic, this world has broken out of the convention of the closed text. (Garbowski)**

Besonders bemerkenswert ist, dass selbst die Vielzahl von Genres (Roman, Gedicht, fiktiver Sachtext, usw. – und nicht zuletzt eine Kindergeschichte!), die Tolkien einsetzt, um seine Welt zu beschreiben, nicht ausreicht, sie zu fassen. Zum Kummer der traditionellen Literaturkritiker hat diese Welt die konventionellen Grenzen des geschlossenen Textes durchbrochen.

Selbstverständlich sind zu enthusiastische Urteile wie das von Don D. Elgin, *The Lord of the Rings* „is perhaps the greatest work of fantasy ever written" [ist möglicherweise das bedeutendste Werk der Fantasyliteratur] (Elgin) mit Vorsicht zu genießen, aber C. S. Lewis Vermutung aus dem Jahre 1953, dass bei der Veröffentlichung von Tolkiens Buch „[i]t *[The Lord of the Rings]* would inaugurate a new age" [es eine neues Zeitalter einläuten würde] sollte sich als zutreffend für die internationale Literatur herausstellen. Lewis Prognose ist sicherlich durch seine Ansicht über die Motivation eines Menschen, sich überhaupt mit fiktionaler Literatur zu beschäftigen, zu erklären: „The nearest I have got an answer is that we seek an enlargement of being. We want to be more than ourselves. [...] We want to see with other eyes, to imagine with other imaginations, to feel with other hearts as well as our own" [Die beste Antwort, die ich ersinnen konnte, lautet, dass wir eine Erweiterung unseres Ichs suchen. Wir wollen mehr sein als wir selbst. [...] Wir wollen mit anderen Augen sehen, wir wollen mit anderen Herzen fühlen] (C. S. Lewis).

Diese Aussage trifft auf Leser wie auf Autoren gleichermaßen zu. J. R. R. Tolkien indes hat in seiner Kunstform, der Literatur, eine Möglichkeit gefunden, seiner eigenen Phantasie eine Richtung zu geben, die sich in *The Lord of the Rings* sowie seinem gesamten Middle-earth Epos manifestiert, und durch die geweckte Imaginationsfähigkeit der Leser treten seine Bilder mit anderen in einen lebendigen Dialog.

Dieser wird durch die in *The Lord of the Rings* symbolisch angedeuteten Wertvorstellungen Tolkiens vorangetrieben.

> Die radikale Verschiedenheit jeder Kunst, die eine *sichtbare* Darstellung gibt (also auch des Theaters), von echter Literatur liegt darin, dass sie uns eine einzige sichtbare Form aufzwingt. Die Literatur wirkt von einem Geist zum anderen und ist daher befruchtender. Sie ist universaler und geht zugleich schärfer in die Besonderheiten. Wenn sie von *Brot* oder *Wein*, *Fels* oder *Baum* spricht, so meint sie das Ganze dieser Dinge oder ihre Idee, und doch wird jeder Zuhörer ihnen in seiner Einbildung eine besondere persönliche Verkörperung geben. (Tolkien)

Zweifellos ist die symbolische Qualität und der Erkenntnisreichtum von *The Lord of the Rings* in erster Linie dafür verantwortlich zu machen, dass späteren Autoren der oftmals belächelten phantastischen Literatur ähnliche Erfolge wie Tolkien beschieden waren. Seit den späten sechziger Jahren fand sich nach und nach ein stetig wachsender Korpus an Texten auf den internationalen Buchmärkten wieder, der schließlich unter dem Oberbegriff *Fantasy* zusammengefasst wurde, doch darf nicht bei jedem Autoren der *Fantasy* nach Parallelen oder nach Intertextualität zu Tolkien gesucht werden.

> **A great many, indeed, appear to owe little or nothing directly to Tolkien, and some writers may be said to surpass him in imaginative power or philosophical conception. The point is, rather, that Tolkien made fantasy ‚respectable'. Since the publication of *The Lord of the Rings* it has been possible for British and American writers with a serious purpose to employ once again the genre of marvellous writing, as they had not been able to do since the growth and dominance of the realist novel. (Swinfen)**

Viele Fantasyautoren scheinen Tolkien wenig oder nichts zu verdanken, und von manchen könnte man sagen, dass sie ihn an Vorstellungsvermögen oder Aussagekraft übertreffen. Worauf es jedoch ankommt, ist, dass Tolkien der Fantasyliteratur zur Anerkennung verholfen hat. Im Gefolge der Veröffentlichung von *The Lord of the Rings* ist es für ernsthafte britische und amerikanische Autoren erstmals wieder möglich, sich des Übernatürlichen zu bedienen, was seit der Erstarkung und Dominanz des realistischen Romans nicht mehr akzeptabel war.

Was Tolkiens Werk definitiv bewirkte, war, aus den vorhandenen alten Mythen und Legenden des westlichen Kulturkreises eine neue, eigenständige, imaginative Welt zu erschaffen, deren innovativer Symbolismus schließlich von der weltweiten Leserschaft derart begeistert aufgenommen wurde, was auf einen universalen Anspruch der vermittelten Moralvorstellungen schließen lässt.

So ist Tolkiens Werk selbst zu einem Mythos für nachkommende Autoren des neu belebten und neu definierten Genres der *Fantasy* geworden. Es entwickelte sich zu einer Inspirationsquelle und einem Fundus an neuartig strukturierten und stark individualisierten mythischen Figuren und Motiven, der mittlerweile in der *Fantasy* archetypische Züge angenommen hat.

Das ungebrochene Wachstum dieses neuen Genres berücksichtigend, war Tolkiens *The Lord of the Rings* in seiner literarischen Konstruktion und in seiner gesellschaftlichen Bedeutung, für die internationale Literaturentwicklung zweifellos „like lightning from a clear sky" [wie ein Blitz aus heiterem Himmel] (C. S. Lewis).

6. Anmerkungen

1   Obwohl mir bewusst ist, dass bei Verallgemeinerungen die Endung „-Innen" durchaus üblich, und zuweilen sogar erwünschter als die traditionelle (männliche) Endung, ist, behalte ich mir das Recht vor, aus rein praktischen Gründen bei dieser Arbeit auf die Endung „-Innen" zu verzichten. Ich weise mit Nachdruck darauf hin, dass ich dadurch die weibliche Hälfte unserer Gesellschaft nicht diskreditieren möchte und bitte darum, mir in dieser Angelegenheit mit Nachsicht zu begegnen.

2   Eine aktuelle und informative Übersicht dazu findet sich im Internet auf folgenden Seiten:
www.lordoftherings.net/home.html, 22, 02,2001.
www.csclub.uwaterloo.ca/u/relipper/tolkien/rootpage.html, 22,02,2001.
www.tolkien-ent.com/new/index.html, 22,02,2001.

3   Der Begriff *Sekundärwelt* steht im Gegensatz zur Realität des Lesers und bezeichnet den phantastischen Handlungsschauplatz von *Fantasy*-Literatur. Er wird in Kapitel 3.1 ausführlich erläutert.

4   Das griechische Wort *Mythos* wird sowohl als „‚word' or ‚spoken' word or ‚speech'," (Harvey 1985, 7) wie auch als „story" (Rogers 1980, 28) und „das Wort als definitive Aussage des als Tatsache Gegebenen, Offenbargewordenen, Geheiligten" (Schmidbauer 1999, 27) definiert.

5   Die früheste schriftliche Zusammenfassung, der *Kodex Regius* der Lieder-Edda, wird auf das späte 13. Jahrhundert datiert. Mehr dazu findet sich im Internet unter: http://www.hi.is/HI/Ranns/SAM/codex.html, 15.04.2001.

6   Eine grobe Zusammenfassung von *The Silmarillion* findet sich bei Carpenter (1991a, 190-214), wo ein über zehntausend Worte langer Brief aus dem Jahr 1951 von Tolkien an Milton Waldman (vom Verlag Collins) zusammengefasst wurde, in dem Tolkien Relevanz und Inhalt von *The Silmarillion* erklärt.

Außerdem finden sich bei Garbowski (2000, 59-63) weitere Informationen und Erläuterungen bezüglich der posthumen Veröffentlichungen von *The History of Middle-earth* und *The Silmarillion* oder auch *Unfinished Tales of Númenor and Middle-earth* (1980, George Allen & Unwin), auf Deutsch als *Nachrichten aus Mittelerde* erschienen, die allesamt den mythischen Hintergrund von Middle-earth beleuchten und wesentlich zum Charakter der Welt und *The Lord of the Rings* beigetragen haben.

7 Das finnische Nationalepos stammt in seiner kompletten Überarbeitung und Endfassung aus dem Jahr 1849. Mehr dazu unter: http://virtual.finland.fi/finfo/english/kalevala.html, 13.04.2001.

8 Tolkiens erklärendes Essay „Ein heimliches Laster" über seine Einstellung und Liebe zu Wörtern und Sprache findet sich bei Tolkien (1987, 209-235).

9 vgl. Graddol (1997, 59). Allerdings ist das genaue Entstehungsdatum umstritten. In anderen Quellen wird auch das achte Jahrhundert genannt.

10 Obwohl Ähnlichkeiten zu Jonathan Swifts *Gulliver's Travels* (1726) in Bezug auf die Hobbits erkennbar sind, gibt es keine konkreten Belege für eine bewusste Adaption durch Tolkien oder Beeinflussung auf ihn.

11 Eine sehr detaillierte Auflistung aller möglicher literarischer Quellen der zuvor erwähnten Einflussgebiete findet sich bei T. A. Shippey (1982, 220-226).

12 abgedruckt in: Tolkien (1987, 141-208)

13 Eine aufschlussreiche, hypothetische Analyse Tolkiens über die möglichen Auswirkungen des Einen Ringes auf Frodo, Gandalf oder andere, hätten die diesen für sich beansprucht, findet sich in einem Brief Tolkiens aus dem Jahre 1963 (Carpenter 1991a, 425-435). Die Schlussfolgerung ist, dass außer Gandalf niemand es mit Sauron hätte aufnehmen können, sie alle wären selbst mit dem Ring am Finger seinem Einfluss unterlegen gewesen. Gandalf hingegen wäre als Ringherr schlimmer als Sauron geworden: „Während also Sauron das Böse vervielfachte, ließ er das ‚Gute' davon klar unterscheidbar.

Gandalf hätte das Gute verabscheuenswert und böse erscheinen lassen." (Carpenter 1991a, 435)

14 Eine aufschlussreiche Untersuchung des Wiedergeburtsmotivs, welches in der Natur wie auch innerhalb der Handlung immer wieder auftritt, findet sich in dem Artikel „The Gospel of Middle-earth according to J. R. R. Tolkien" von William Dowie, veröffentlicht in Salu 1979, 265-285.

15 Eine sehr ausführliche Analyse dieser Thematik findet sich im Kapitel „Aragorn und die ‚courtly love'" (Zahnweh 1989, 115-122).

16 Die verschiedenen Formen des Heldentums, repräsentiert durch Aragorn, die Angehörigen der Rohirrim und Gondorianer sowie der Hobbits, werden sehr detailliert beschrieben und hervorragend interpretiert in Gudrun Zahnwehs (1989) *Heldenfiguren bei Tolkien* und zeigen Vielfalt und Tiefe der Charaktere und Identifikationsmöglichkeiten für Leser auf.

17 Ursprung und Entwicklung der *Fantasy* aus der mittelalterlichen Romantik, die sich in Werken von William Morris oder auch Lord Dunsany niederschlägt, wird zum Teil in Don D. Elgins Buch (1985) und sehr detailliert in Helmut W. Peschs (1982) Abhandlung über die Herkunft und Natur der *Fantasy*-Literatur erklärt.

18 Die Details und genauen Werte der Umfragen finden sich in Joseph Pearce (1998), 1-25.

19 Die Tolkienseiten im Internet sind mittlerweile nicht mehr zu überschauen, doch bieten die Homepages von Tolkien-Enterprises (www.tolkien-ent.com/new/index.html, 22.02.2001) und der englischen Tolkien-Society (www.tolkiensociety.org, 19.01.2001) gute professionelle Beispiele, um den heutigen Status und Einfluss von *The Lord of the Rings* zu veranschaulichen.

20 Der *preview trailer* im Internet verzeichnete bei seiner Veröffentlichung durch *New Line Cinema* im April 2000 allein in der ersten Woche über 6,6 Millionen Downloads, ein absoluter Rekord.

Mehr Informationen zur Filmtrilogie von *The Lord of the Rings* finden sich im Internet unter: www.ringbearer.org, 22.02.2001 sowie www.lordoftherings.net/home.html, 22.02.2001.

21 Information aus einer Antwort-email der Tolkien Society (www.tolkiensociety.org) aus England vom 13.02.2001 auf die Frage nach dem literarischen Einfluss von *The Lord of the Rings*. Die Email-Adresse lautet: tolksoc@tolkiensociety.org.

22 Ebenfalls Information aus einer weiteren Antwort-email der Tolkien Society in England vom 13.02.2001 auf die Frage nach dem literarischen Einfluss von *The Lord of the Rings*.

7. Bibliographie

7.1 Primärliteratur

Brooks, Terry (1977) *The Sword of Shannara;* Ballantine, New York

Carpenter, Humphrey (Hrsg.) (1991a) *J. R. R. Tolkien – Briefe;* Klett-Cotta, Stuttgart

Deutsche Bibelgesellschaft (Hrsg.) (1985) *Die Bibel;* Deutsche Bibelgesellschaft, Stuttgart

Donaldson, Stephen (2. Auflage, 1993) *The Chronicles of Thomas Covenant, the Unbeliever;* Harper Collins Publishers, London

LeGuin, Ursula (7. Auflage, 1991) *Erdsee;* Wilhelm Heyne Verlag, München

Moorcock, Michael (9. Auflage, 1992) *Elric von Melniboné;* Wilhelm Heyne Verlag, München

Muir, Kenneth (Hrsg.) (1999) *The Arden Shakespeare – Macbeth;* Thomas Nelson & Sons Ltd,

Ruff, Matt (9. Auflage 1999) *The Fool on the Hill;* dtv, München

Swann, Donald & Tolkien, J. R. R. (1993) *The Road goes ever on an on – Der Tolkien Liederzyklus;* Olaf Hille Verlag, Hamburg

Tolkien, J. R. R. (1987) *Die Ungeheuer und ihre Kritiker – Gesammelte Aufsätze;* Klett-Cotta, Stuttgart

Tolkien, J. R. R. (2. Auflage, 1991) *The Fellowship of the Ring – Being the First Part of The Lord of the Rings;* Grafton, an imprint of Harper Collins Publishers, London – im Text abgekürzt als *FR*

Tolkien, J. R. R. (2. Auflage, 1991) *The Two Towers – Being the Second Part of The Lord of the Rings;* Grafton, an imprint of Harper Collins Publishers, London – im Text abgekürzt als *TT*

Tolkien, J. R. R. (2. Auflage, 1991) *The Return of the King – Being the Third Part of The Lord of the Rings;* Grafton, an imprint of Harper Collins Publishers, London – im Text abgekürzt als RK

Tolkien, J. R. R. (überarb. einb. dt. Ausgabe, 7. Auflage, 1997) *Der Herr der Ringe*; Klett-Cotta, Stuttgart – im Text abgekürzt als HR

Tolkien, J. R. R. (4. Auflage, 1991a) *Nachrichten aus Mittelerde;* Klett-Cotta, Stuttgart

Tolkien, J. R. R. (4. Auflage, 1991b) *The Hobbit;* Grafton, an imprint of Harper Collins Publishers, London

Tolkien, J. R. R. (1974) *Der kleine Hobbit*, Deutscher Taschenbuch Verlag, München

Tolkien, J. R. R. (2. Auflage, 1992) *The Silmarillion;* Grafton, an imprint of Harper Collins Publishers, London

Williams, Tad (7. Auflage 1999) *Der Drachenbeinthron;* Fischer Verlag, Frankfurt

7.2 Sekundärliteratur

Bradley, Marion Zimmer (1961) „Men, Halflings and Hero Worship" in: Pesch, Helmut W. (Hrsg.) (1984), 57-90.

Brewer, Derek S. (1979) „*The Lord of the Rings* as Romance" in: Salu, Mary und Farrell, Robert T. (Hrsg.) (1979), 249-264.

Carpenter, Humphrey (1991b) *J. R. R. Tolkien – Eine Biographie;* dtv, München

Chesterton, G. K. (1959) „Orthodoxy" in: Coyle, William (Hrsg.) (1986), 61-71.

Coyle, William (Hrsg.) (1986) *Aspects of Fantasy – Selected Essays from the Second International Conference on the Fantastic in Literature and Film;* Greenwood Press, Westport

Dahlke, Armin (1998) *Die in* The Lord of the Rings *dargestellten Gruppen von Lebewesen und ihre möglichen mythologischen, historischen und literarischen Vorbilder;* Christian-Albrechts-Universität zu Kiel, Kiel

Day, David (1992) *Tolkien – Eine illustrierte Enzyklopädie;* RVG-Interbook Verlagsgesellschaft

Dieckmann, Hans (1978) *Gelebte Märchen;* Gerstenberg Verlag, Hildesheim

Dowie, William „The Gospel of Middle-earth according to J. R. R. Tolkien" in: Salu, Mary und Farrell, Robert T. (Hrsg.) (1979), 265-285.

Elgin, Don D. (1985) *The Comedy of the Fantastic – Ecological Perspectives on the Fantasy Novel;* Greenwood Press, Westport

Flieger, Verlyn (1997) *A Question of Time: J. R. R. Tolkien's Road to Faerie;* The Kent University Press, Kent, Ohio

Fonstad, Karen Wynn (1985) *Historischer Atlas von Mittelerde;* Klett-Cotta, Stuttgart

Garbowski, Christopher (2000) *Recovery and Transcendence for the Contemporary Mythmaker – The Spiritual Dimension in the Works of J. R. R. Tolkien;* Maria Curie-Sklodowska University Press, Lublin

Graddol, David (et al.) (ed.) (1997) *English: History, Diversity and Change.* London: Routledge and The Open University

Harvey, David (1985) *The Song of Middle-earth – J. R. R. Tolkien's Themes, Symbols and Myths;* George Allen & Unwin, London

Helms, Randel (1991) *Tolkiens Welt & Tolkien und die Silmarille;* Erster Deutscher Fantasy Club, Passau

Jackson, Rosemarie (1993) *Fantasy, the Literature of Subversion;* Routledge, London

Killer, Ulrike (Hrsg.) (1991) *Das Tolkien Lesebuch;* dtv, München

Kocher, Paul H (1972) *Master of Middle-earth – The Fiction of J. R. R. Tolkien;* Houghton Mifflin Company, Boston

Lewis, C. S. (1984) *Tolkien's The Lord of the Rings – Of this and Other Worlds;* Fount Paperbacks, London

Lobdell, Jared (Hrsg.) (1975) *A Tolkien Compass;* The Open Court Publishing, La Salle

Mathews, Richard (1978) *Lightning from a Clear Sky – Tolkien, The Trilogy, and The Silmarillion;* The Borgo Press, San Bernardino

Messinger, Heinz (Hrsg.) (5. Auflage 2000) *Langenscheid Handwörterbuch Englisch;* Langenscheid, Berlin

Neimark, Anne E. (1996) *Myth maker: J. R. R. Tolkien;* Harcourt Brace & Company, San Diego

Nester, Holle (1993) *Shadows of the Past: Darstellung und Funktion der geschichtlichen Sekundärwelten in J. R. R. Tolkiens „The Lord of the Rings", Ursula K.Le Guins „Earthsea-Tetralogy" und Patricia McKillips „Riddle-Master-Trilogy";* Wissenschaftlicher Verlag Trier, Trier

Nitzsche, Jane Chance (1979) *Tolkien's Art – A Mythology for England;* The Macmillian Press Ltd, London

Noel, Ruth S. (1977) *The Mythology of Middle-earth;* Houghton Mifflin Company, Boston

O'Neill, Timothy R. (1979) *The Individuated Hobbit – Jung, Tolkien and the Archetypes of Middle-earth;* Houghton Mifflin Company, Boston

Pearce, Joseph (1998) *Tolkien: Man and Myth;* Harper Collins Publishers, London

Pesch, Helmut W. (1982) *Fantasy – Theorie und Geschichte einer literarischen Gattung;* Erster Deutsche Fantasy Club, Passau

Pesch, Helmut W. (Hrsg.) (1984) *J. R. R. Tolkien – der Mythenschöpfer;* Corian Verlag, Meitingen

Pesch, Helmut W. (1994) *Das Licht von Mittelerde – Aufsätze und Vorträge;* Erster Deutscher Fantasy Club, Passau

Petty, Anne C (1979) *One Ring to Bind Them All – Tolkien's Mythology;* The University of Alabama Press, Alabama

Petzold, Dieter (1980) *J. R. R. Tolkien – Fantasy Literature als Wunscherfüllung und Weltdeutung;* Carl Winter Universitätsverlag, Heidelberg

Purtill, Richard (1974) *Lord of the Elves and Eldils – Fantasy and Philosophy in C. S. Lewis and J. R. R. Tolkien;* Zondervan Publishing House, Michigan

Purtill, Richard (1984) *J. R. R. Tolkien – Myth, Morality, and Religion;* Harper & Row Publishers, San Francisco

Rogers, Deborah Webster und Rogers, Ivor A (1980) *J. R. R. Tolkien;* Twayne Publishers, Boston

Rosebury, Brian (1992) *Tolkien – A Critical Assessment;* St.Martin's Press, New York

Salu, Mary und Farrell, Robert T. (Hrsg.) (1979) *J. R. R. Tolkien, Scholar and Storyteller – Essays in Memoriam;* Cornell University Press, London

Schmidtbauer, Wolfgang (2. akt. und erw. Auflage, 1999) *Mythos und Psychologie;* Ernst Reinhard Verlag, München

Shippey, T. A. (1982) *The Road to Middle-earth;* George Allen & Unwin, London

Spivack, Charlotte (1987) *Merlin's Daughters – Contemporary Women Writers of Fantasy;* Greenwood Press, New York

Sullivan, Charles William III. (1989) *Welsh Celtic Myth in Modern Fantasy;* Greenwood Press, New York

Swinfen, Ann (1984) *In Defence of Fantasy – A Study of the Genre in English and American Literature since 1945;* Routledge, London

Tietze, Henry G. (1983) *Imagination und Symboldeutung;* Ariston Verlag, Genf

Tschirner, Susanne (1989) *Der Fantasy-Bildungsroman;* Corian Verlag, Meitingen

Tyler, J.E.A. (1976) *The Tolkien Companion;* Gramercy Books, New Jersey

Zahnweh, Gudrun (1989) *Heldenfiguren bei Tolkien;* Erster Deutscher Fantasy Club, Passau

7.3 Zeitungsartikel

Tolkien Times (15.08.2000) Klett-Cotta (Hrsg); 3-4.

7.4 Internetquellen

http://hem.passagen.se/dl/old/fantasy/writers/leguin_u.html, 17.02.2001.

http://hem.passagen.se/josa99/, 17.02.2001.

http://virtual.finland.fi/finfo/english/kalevala.html, 13.04.2001.

www.crosswinds.net/~thefourlands/, 17.02.2001.

www.csclub.uwaterloo.ca/u/relipper/tolkien/rootpage.html, 22.02.2201.

www.edfc.de, 04.03.2001.

www.geocities.com/Area51/2593/fuliv.htm, 22.03.2001.

www.hi.is/HI/Ranns/SAM/codex.html, 15.04.2001.

www.is-koeln.de/tolkien, 10.02.2001.

www.lordoftherings.net/home.html, 22.02.2001.

www.ringbearer.org, 22.02.2001.

www.tadwilliams.de, 16.03.2001.

www.tolkien-ent.com/new/index.html, 22.02.2001.

www.tolkiensmiddleearth.com, 04.03.2001.

www.tolkiensociety.org, 19.01.2001.